不焦虑教育，

潘从红 ◎ 著

云南出版集团　晨光出版社

图书在版编目（CIP）数据

会教育，不焦虑 / 潘从红著. -- 昆明：晨光出版
社，2022.4
ISBN 978-7-5715-1241-5

Ⅰ. ①会… Ⅱ. ①潘… Ⅲ. ①中小学生－家庭教育
Ⅳ. ①G782

中国版本图书馆CIP数据核字(2021)第196632号

会教育，不焦虑
HUI JIAOYU BU JIAOLÜ

潘从红 著

出　　版	云南出版集团　晨光出版社	
出 版 人	杨旭恒	
特约策划	李　婧	
特约编辑	王利鹰　吴立平　纳兰真	
特约营销	范晓东	
封面设计	仙境设计	
责任编辑	沈伯杭	
责任校对	杨小彤	
责任印制	廖颖坤	
印　　刷	天津奥丰特印刷有限公司	
经　　销	各地新华书店	
版　　次	2022年4月第1版	
印　　次	2022年4月第1次印刷	
书　　号	ISBN 978-7-5715-1241-5	
开　　本	710mm×1000mm 1/16	
印　　张	15.75	
字　　数	187千	
定　　价	59.80元	
邮　　编	650034	
地　　址	昆明市环城西路609号新闻出版大楼	
电　　话	028-83231380	

凡出现印刷质量问题请与承印厂联系调换
质量监督电话：028-83231380

2018 年 6 月，我的女儿以 668 分的成绩考入中国人民大学人文科学实验班。回首女儿 13 年的成长历程，我的内心很不平静。

只看成绩，可能很多家长和孩子会认为：这是一个学霸呀！

事实并非如此！女儿不是传说中的那种"天然"学霸。她是一个很平凡、很普通的孩子，与所谓的"学霸"基本扯不上边儿。甚至在有的人眼里，就文化课方面，在小学、初中阶段，她比一般的孩子还要差一些。

因为我和孩子妈妈工作很忙，无暇手把手地在学习上辅导她，而孩子又坚决不上课外辅导班，导致她很长一段时间内的成绩总是处于中等偏后的状态。

因此，我们也曾有一定的焦虑，总是担心孩子：担心她被同龄的孩子落下太多，担心她上不了一个好的中学、大学……

当然女儿也有自己的长处：她喜欢读书，能长时间安静地阅读；她很独立，能够自主处理很多事务：和同学相伴去国外游学，独立面对北大等知名院校的面试，自主准备自招考试等，把很多事情处理得井井有条；她有很好的规划意识和自控能力，能够根据轻重缓急，对自己的任务做合理的安排，处理好学习和娱乐的关系……

综合孩子的优点和缺点，我静下心来，思考关于孩子的教育内容：哪些事情是父母该做的，哪些事情是该引导孩子去做的；思考教育孩子的方式：该用哪些孩子可接受的方式教育她；也在思考孩子的成长节奏：哪个阶段该培养孩子哪种品质和能力……并逐步实施。

孩子上了一个不错的大学，得到了较好的发展，在一定程度上缓解了我的焦虑，但并不意味着对孩子的家庭教育已经结束。阶段性地总结她成长中的成功之处，这是作为一个愿意分享的教育者该有的责任。从2018年6月起，我陆续写出了多篇教育孩子的小故事，在自己的朋友圈中小范围分享，后来在北京十一学校王笃年老师的公众号"家教策略与学习规律"上进行推送，引起了广大家长的热烈反响。2019年5月，我的公众号"潘帅的教育札记"正式上线。我从此以此作为主阵地，进行家教策略的系列分享，赢得了更多家长的支持与肯定。他们希望我能结集出版，让更多家长受益。

在广大家长的支持下，我开始思考、总结我教育中的"成功"之处，陆续形成了一篇篇的家庭小故事……

本书没有高大上的教育理论，都是我们平时教育孩子过程中的点滴教育策略。因为我深知：任何高深的家庭教育理论，都需要具体、实在、掷地有声的家庭教育实践做支撑！

希望通过我的观察、记录和思考，从家庭教育者的视角给出阐释；

希望通过分享家庭教育中的小故事，揭示其中蕴含的人生哲理；

希望通过交流育儿经历中的小策略，剖析其中蕴含的育人之道。

希望本书能为广大家长在教育孩子的过程中提供一点儿思路和帮助，也期盼广大家长和家庭教育专家提出宝贵的指导意见！

身为教育工作者，长期在教育一线工作，我们发现，家长的焦虑远远超出我们的想象：每次大小考试结束，不少家长总要询问孩子的成绩、名次；只要成绩稍有后退，家长立马就给孩子报课外班补课，校内校外同时学，搞得孩子筋疲力尽；家长将全部精力集中到孩子的学习上，其他方面不管不问……

可以说，家长的焦虑已经严重影响到了孩子的身心健康和发展。

孩子的成长固然有共性的规律，但也不可否认，每个孩子都有自己的成长节奏。最近这些年，出于所谓的"不想让孩子输在起跑线上"的想法，一些被既往"成功路径"和"剧场效应"裹挟的"鸡血娃"父母，把孩子的日程安排得满满当当，做了不少揠苗助长的事情，却因此让孩子失去了成长的乐趣。没有了兴趣和激情，不知不觉中为孩子后续的发展埋下了隐患，甚至出现了亲子关系的剑拔弩张和"天使折翼"的极端现象。

潘老师是一位经验丰富、喜欢思考的优秀教师，从潘老师的阐述里，我们能看到他对自己孩子的合理定位并有着静待花开的定力，能看到他怎样帮助孩子寻找自信、怎样鼓励孩子去尝试和迈出关键的那一步，看到他如何关注孩子的身心健康、全面发展，怎样引导孩子理性看待和欣赏自己、他人。

在"木匠"和"园丁"两者间，家长更应该选择做"园丁"，创设好孩子成长的土壤和生态环境，让每个孩子拥有自己的优势和美丽。

每个孩子都是人格独立的生命个体，家庭最重要的是给予爱与尊重。看得出，潘老师家是一个非常和睦幸福的家庭，这样家庭成长出来的孩子往往拥有更温暖的童年，会更有安全感，长大后会更自信和勇敢。而在潘老师的家里，我们也看到，潘老师能非常耐心地倾听，非常尊重孩子的想法。即便这样可能会走点儿弯路，会碰到点儿挫折，但这正是孩子成长的必经之路。

我们经常抑制不住焦急的心情，简单粗暴地以爱的名义替孩子做主，以过去或者成人世界里对成功的认知来影响和塑造孩子，剥夺属于孩子自己的选择权。在潘老师的书里我们能看到孩子多次"我自己选择的，哪怕流着泪我也会去努力实现"。其实教育需要更多的淡定和从容，需要给孩子更多试错的机会。

现在的家庭，尤其在孩子上到中学时，都会碰到诸如课外班、电视、手机、游戏、交友、目标缺失等各方面的问题，潘老师家也都会碰到。仔细读潘老师的一些做法，我们能感觉到他的家庭教育理念并非不作为，而是更淡定，需要更多的智慧和策略。在孩子逐渐长大、逐渐走向独立的时候，家长适当的示弱更是一种智慧。相比暂时的学习成绩，更应关注孩子学习和生活习惯的培养、关注孩子品格和思维方式的养成。这本书里，我们能够看到潘老师更看重孩子哪些习惯和品质，如何去培养孩子阅读和锻炼的习惯，看到他如何发现孩子的兴趣，帮助孩子发展特长和建立自信，如何提升各方面的能力和意志品质；更能看到潘老师家如何润物细无声地传递对待金钱、学习等很多问题的态度，用身教的方式影响孩子的追求、看问题的视角和思维方式。

家庭教育是非常值得研究，也是社会非常重视的事情，尤其在当下。

这本书是潘老师用自己的教育视角，记录自己孩子成长过程的故事，其实潘老师在学校工作中，也给不少学生和家长带来了积极影响。看完这一本关于家庭教育的弓，有些期待潘老师能再出一本关于学校工作的感悟。

北京市十一学校校长　田俊

2020 年 9 月 14 日

第一章

如何自我修炼，才能成为会教育孩子的父母

第二章

培养孩子的学习能力，你不必焦虑

第三章

德智体美劳，样样不能少

后记

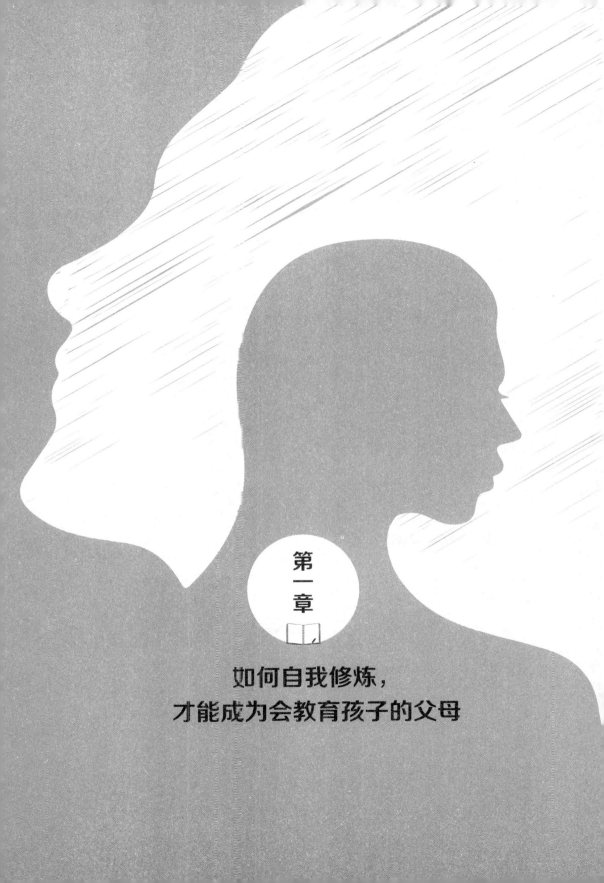

第一章

如何自我修炼，
才能成为会教育孩子的父母

做好家长要有哪些必备条件

你拿到"家长执业资格证书"了吗？

很多行业都有执业资格证书，你认为家长这个"职业"需要吗？

如果家长这个"职业"需要行业准入，你认为自己合格吗？

你敢满怀信心地说，自己可以轻松拿到"家长执业资格证书"吗？

每个孩子出生之前，家长都应该通过学习，拿到"家长执业资格证书"，从而通过专业化的家庭教育，不断地助力孩子每一个阶段的健康成长！

执业资格证是国家对特殊行业规定资格准入的凭证。这种资格是特定专业人员从事特定职业必须具备的前提条件，即无此证书不能从事相应行业的工作。

客观地说，医生、律师等专业人员从事医疗、法律职业，要首先拿到"执业医师资格证"或"法律职业资格证"，拿到了，才可以进行医疗、法律这样的专业工作。如果拿不到，却从事这样的工作，那就是非法的。

因为社会的普遍共识是，"医生""律师"等职业，专业性很强，如果没有一定的准入条件，从事这样的工作，将会造成很大的社会危害。

奇怪的是，承担着最重要的育人工作的家长，居然无须"执业资格证"！

说来也许可以理解，家长这个"工作"，似乎并没有多少专业性。很多人普遍认为，谁都可以做家长。

事实真是这样吗？

我们看到，随着生活节奏的加快，很多人在做家长时，完全是凭着自己的感觉在做：或沿用过去父母教育自己的"老一套"；或自己想当然地自行其是；或进行"转让承包"，委托他人管理；或让孩子"自然地野蛮生长"；或对孩子进行"全封闭的温室培育"……林林总总，不一而足。

由于既没有准入的条件可以参考，又没有相应的资质作为凭证，因此，很多家长的家庭教育策略既不考虑自己孩子的实际情况，也不考虑家庭教育的规律；既不考虑家庭的现实环境，也不着眼社会发展的长远要求……因此，我们看到了合格的家长和不合格的家长所造就的孩子之间的巨大差距！

毋庸置疑，每个人都有做家长的权利，但是否具备做家长的资格，还真是一个需要讨论的问题。

因为如今的家长，已经不仅仅是给孩子提供温饱条件的概念。家长也逐渐成为一个专业性很强的工作，还真不是谁想做就可以轻易地做好！

合格的家长应该具备哪些基本条件？

结合自己教育孩子的实际，我以为，要考证一个家长是不是合格的家长，至少应该考虑以下条件：

其一，你是不是具备孩子行为的第一监护人的条件？

家长要做好孩子行为监护人的角色，包括：

对孩子的各种行为能够监护教育；

对孩子的不良行为能够承担法律责任；

对孩子的成长能够提供必要的经济条件。

……

其二，你是不是具备了孩子安全的首要维护者的条件？

家长要具有维护孩子安全的能力，包括：

对孩子的安全意识能够教育和培养；

具备关于孩子运动、交通和交往等过程中的基本安全知识；

对孩子可能面临的安全问题有能力防范；

对孩子出现的安全问题有能力处理。

……

其三，你是不是具备了孩子心理健康促进者的条件？

家长要了解基本的心理知识，包括：

了解孩子成长各阶段的心理表现；

有能力预防孩子可能出现的心理问题；

对孩子简单的心理问题能进行干预。

……

其四，你是不是具备了给孩子进行品行示范的条件？

家长首先要成为孩子品行的榜样，包括：

家长自身没有品行方面的恶习；

家长有正确的世界观、人生观、价值观；

家长了解各种品行的正确要求；

家长能对孩子的品行问题进行正确教育和指导。

……

其五，你是不是知道家长在家庭中应该具有的基本权利？

家长应该知晓自己在家庭教育中享有的基本权利，包括：

孩子品行的教育权；

孩子成绩的知情权；

孩子健康成长的保障权：

以及实现各项权利的相应正确策略。

……

其六，你是不是知道家长在家庭中应该承担的基本义务？

家长应该承担起孩子成长中的必要责任，包括：

家长能够提供孩子基本的生活和教育方面的物质保障；

必须有效配合学校和老师对孩子的教育；

必须保障孩子的品行和安全。

……

其七，你是不是知道家长在教育孩子过程中的禁区？

孩子不是家长的专属物品，孩子应该有一定的独立属性。家长要知晓孩子成长过程中的隐私，包括：

正常的人际交往；

必要的个人空间；

成长中的"个人小秘密"。

……

每一个孩子的成长和发展，家长都在其中发挥着第一位的作用。因此，树立正确的家庭教育观念，了解基本的家庭教育知识，掌握有效的家庭教育策略，对于每一个家长而言，都极为重要。

每一个孩子在出生之前，家长都应该通过学习，拿到"家长执业资格证书"，从而通过专业化的家庭教育，不断地助力孩子每一个阶段的健康成长！

家长在家庭教育中应该扮演哪些角色？

在教育孩子的过程中，我们发现，有些家长虽然对孩子期望很高，但是并不清楚从哪些方面进行教育，也不清楚到底应该选择什么样的教育方式。

因为不了解这一切，所以家长在教育孩子的过程中，只是凭借自己的一腔热情，想当然地采取自以为是的措施，结果不但没有教育好孩子，反而起到了适得其反的作用。

在家庭教育中，家长到底该扮演什么样的角色？

近些年，在与家长接触的过程中，我发现，很多家长在家庭教育中，采取了这样一种教育方式：物质上无微不至，学习上步步紧逼，精神上不闻不问。

而这种教育方式并没有产生很好的效果，因此，家长就出现了焦虑和担忧。在这种焦虑和担忧之下，又进一步强化了这种教育方式。

这样做，不但没有消除家长的担忧和焦虑，反而使之日益严重。因为自己的"巨大付出"并没有取得理想的回报。

由此可见，这些教育方式并没有对症下药。因此，无法取得理想的结果，也就不足为怪了。

实际上，孩子的快速、健康成长，得益于家长的正确付出。如果家长做了不该自己做的事，却没做自己该做的事，其结果必然是吃力不讨好，甚至适得其反。

哪些是正确的付出？仁者见仁，智者见智。但是，有一些观点还是大家普遍认同的，比如，教育孩子人生需要有梦想，做事需要有规划，成功需要有坚持等。

除此之外，还有吗？还有哪些呢？

根据多年的家庭教育经验，结合学校的教育实践，我认为，要使孩子快速、健康成长，家长的正确付出应该把握以下几方面：

家长是孩子安全意识的培养者。

无论是饮食方面、交通方面、运动方面还是交往方面，孩子的基本安全观念的树立、基本安全知识的学习、基本安全问题的应对，都是家庭教育的首要内容。这些方面的教育需要细化内容，需要教给孩子正确的方法。对于不同年龄阶段孩子可能面临的安全问题，应该进行针对性的教育。

比如，女儿 7 岁独立上学时，我们会告知她如何选择安全的道路；8 岁第一次打车时，会告知她乘坐出租车的注意事项；12 岁在学校上完晚自习后，会告知她夜晚回家的安全须知；14 岁第一次独立坐火车时，会告知她如何面对陌生人；16 岁单独乘坐飞机时，会告知她如何应对可能的安全问题等。

家长是孩子良好品行的引领者。

品行教育是家庭教育极其重要的一环，家长必须列出品行清单，明确基本的品行要求，渐次开设家庭品行课程。在发现问题后要立场坚定，及时纠正。

比如，在女儿的成长过程中，在品行方面，我们率先垂范，对女儿亦有严格要求：必须尊敬别人，彬彬有礼；必须注意节约，杜绝浪费；必须与人为善，不可欺负别人；必须取财有道，不可小偷小摸……

家长是孩子人生梦想的催生者。

家长的作用不仅仅是教会孩子低头拉车，更需要教会孩子抬头看路。因为一个孩子如果没有自己的人生梦想，无论学习还是做事，都将是盲目的、被动的，无法激发其主动性和积极性。必须抬头看路，必须有梦想的指引，孩子才可以坚定、自信地向前走。家长要通过一定的渠道和方式，催生孩子的人生梦想。

比如，根据女儿的兴趣爱好，我们会及时帮助她转化为一个个人生小目标（跳舞可以健美身材、涵养气质，朗诵可以训练表达、培养自信，弹琵琶可以丰富业余生活、提高生活品质等），或者人生大梦想（酷爱读书、写作，以此作为未来发展方向），并由此制订规划，创造条件，逐步落实。

家长是孩子自理（立）能力的培养者。

自我管理的能力是孩子走向社会的基本能力。家长要通过方法的指导和情感的激励来给予孩子足够的锻炼机会，孩子做不好时不指责，孩子做得好时常鼓励。不因一时出现的问题否定自己正确的做法，不因一时的成绩下滑放弃自己的坚持。只有让孩子在实践中锻炼出自我管理能力，才能使孩子"弯道超车"，一生受益。

比如，让孩子帮助做家务，让孩子学习做饭，让孩子学习规划自己的假期，让孩子设计旅游行程等。让孩子在一次次具体的活动中培养责任意识，锻炼自理（立）能力。

家长是孩子应对困难的同盟军。

对孩子无论是学习中还是生活中遇到的困难，家长不应该指责，而应该和孩子共同应对。当然，需要强调的是，是共同应对，而不是单独包办。让孩子在一次次战胜困难中，稳步向前。

比如，在孩子成绩下滑时，一起找原因、想办法；在孩子遇到交友困惑时，帮助孩子一起解决……千万不可一味指责孩子，或者夫妻互相推脱责任。

家长是孩子健康心理的建设者。

我们发现：纷繁复杂的诱惑，竞争压力的加大，锻炼机会的减少，对孩子的过高要求，对孩子的揠苗助长，必然导致孩子抗挫能力的降低，并由此产生各种各样的心理问题。因此，家长不应该仅仅满足孩子物质上的需求，更需要对孩子进行精神上的养护，培育性格、交流情感、锤炼意志，成为孩子心理健康的建设者。

比如，如何让孩子以平和的心态看待学习成绩？如何让孩子理性地面对存在的差距？如何将培养一个态度积极向上、心态健康的孩子作为家庭教育的第一科目？这些都是家长需要思考和重视的。

家长是孩子基本底线的守护者。

正如国家督学、北京十一学校李希贵校长所言，给孩子建立一个平台，给孩子设置一条底线，就能培养出一个优秀的孩子。家庭教育中，家长必须对孩子所犯的错误设置必要的底线。家长必须拥有底线思维，清晰底线要求，使孩子做到不逾越底线。

比如，必须诚实，绝对不可以撒谎；必须讲文明、有礼貌，绝对不可以说脏话……逾越底线，必须有惩戒、有警示、有反思。

守护基本底线，才能培养出一个遵纪守法的孩子！

家长只有做好自己该做的事情，才不至于过度焦虑和担心，才能有效促进孩子的快速成长。

家长千万不可仅仅将希望寄托在学校老师的认真负责上，寄托在课外辅导班的补课上，寄托在家教老师的辅导上，寄托在巨大的教育资金投入上。必须认真倾听孩子的所思所想，必须帮助孩子一起面对困难，必须培养孩子的自我管理能力……如果做不到，那家长的担心和焦虑就没办法消除。

站在树枝上的小鸟，从来不会害怕树枝的断裂，因为它相信的是自己的翅膀，而不是树枝。夜间飞行的蝙蝠，从来不担心自己会撞在崖壁上，因为它对自己的回声定位能力拥有足够的自信。

作为家长也必须如此，必须对自己的全力以赴和正确付出有足够的自信，才能消除担心，消除焦虑。

家长拥有足够的自信，才能昂首把握孩子的未来！

父亲的作用有多大？

孩子的正向成长是父母双方共同教育的结果。单靠其中一方的教育，其结果一定不是我们想要的样子！

爸爸挣钱养家，妈妈专职教育孩子，这是现在很多家庭的真实状态。

父亲缺席的家庭教育，这种看起来极为常见的模式是科学的吗？父亲在家庭教育中的作用真的无足轻重？真的可有可无？

由于这种教育模式难以使孩子得到很好的成长，便导致了这样的"埋怨模式"：爸爸认为自己挣钱养家，劳苦功高，妈妈在家里连孩子都教育不好，难逃罪责；妈妈认为自己筋疲力尽，心力交瘁，爸爸在外面享受清闲，难辞其咎！

很多家庭矛盾就是这样围绕着孩子"轰轰烈烈"展开的。看起来真的需要不断反思这种模式，找寻到正确的育儿之道！

在女儿艺卓成长的过程中，她妈妈起到了非常重要的作用。到目前为止，她妈妈写了近20本日记，较为详细地记录了孩子的成长过程和我们的巨大付出。这些日记中记录了一些看似无意之举实则有意为之的情景，女儿阅读后，对她的思想起到了很大的激励作用。

但是，让她妈妈感觉有点委屈的是，女儿居然更为看重作为父亲的我对她的表扬。我的表扬曾让女儿喜极而泣，欣喜若狂。而我对她的批评和建议，也会引起女儿足够的重视。在一定程度上，女儿会认为我"更聪明"，我的话更正确，甚至更愿意与我相处。

私下和女儿交流时，她也毫不隐讳地承认，我在她成长中的作用会更大一些。特别是在意志培养、挫折应对和未来发展的指导上更为明显。

在大量的社会学和心理学研究中，我也发现一个基本的事实：培养一个成功的孩子，父亲的作用绝对不可或缺。家庭教育中，父亲的缺位，直接影响孩子的成长和未来的发展。

在一个孩子出生后的最初几年内，孩子同父亲几乎没有什么联系，在这个阶段，父亲的作用几乎无法同母亲相比。但是，随着孩子逐渐长大，特别是进入小学之后，父亲的作用日益凸显。

哈佛大学的一项研究发现，人在社交关系的发展上有两个方向：一是亲密性，二是独立性。在培养孩子的亲密性方面，母亲具有天然的优势；而在培养孩子的独立性方面，父亲具有天然的优势。

一位心理学家曾经说过："父亲的出现是一种独特的存在，对培养孩子有着一种特殊的力量。"父亲的一言一行、一举一动都会对孩子的方方面面产生深远的影响。

在孩子的成长过程中，父亲通过和孩子一起探索，使得孩子摆脱了对母亲的过度依赖，激发了孩子对外界的好奇心与求知欲，进而培养了孩子的自信心，增强了孩子对陌生环境的适应能力。

对于男孩子来说，父亲是他的榜样，男孩从父亲那里学到了阳刚之气；对女孩子来讲，父亲是第一个引导女儿认识社会的男人，女孩从父亲那里学习与异性交往的经验。

一个较为普遍的事实是，现在很多家庭由于爸爸"忙"于工作，很多孩子患有"父爱缺乏综合征"，其症状表现为情绪变化大、不善于与他人交往、沉默寡言、不思进取等。

发展心理学的研究也表明，缺少父爱的孩子性格上会出现一些明显的弱点，如，胆小、优柔寡断、过于内向、自信心及责任心明显不足等。

实际上，那种"挣钱养家是爸爸的事，教育孩子是妈妈的事"的观点，已经被一个个铁的事实击得粉碎。

如何才能做一个合格乃至优秀的父亲呢？

在孩子发展的关键节点，能做到把握原则。

在孩子第一次面对新集体、面对新问题（以前从未触及的大问题）时，在孩子生日、入队入团、上小学、上初中、上高中时，父亲都要以恰当的、孩子可接受的方式介入，给予孩子指导，帮助孩子把握原则，掌握大局。

在孩子的成长过程中，能做到未雨绸缪。

特别要做到对孩子的前瞻性指导：要了解每个年龄阶段孩子可能出现的问题；要从孩子所处的环境中预想孩子可能出现的问题；要从社会上发生的相关现象中预测孩子可能遇到的问题。提前对孩子进行教育，及时对孩子进行预警。

在孩子逐渐长大的过程中，要做到强化责任担当。

从孩子小时候起，父亲就要培养孩子的责任意识（当然不同的年龄阶段有不同的责任担当）。进入中学，更要让孩子明白将来要为家庭承担什么责任。我们且不说要承担社会责任、为国争光，仅仅从家庭这个角度，也要让孩子明白，必须对家庭有所作为，不但自己将来要追求高品质的生活，还要赡养父母，使父母的晚年更加幸福。因为赡养父母，本来就是子女应尽的责任和义务。

千万不要告诉孩子：我们将来有养老金，不需要你赡养，你只要能养活自己就可以了；也不要告诉孩子你将来会为他买房买车。总之，一定要让孩子知道自己将来要承担的责任。

在孩子遇到困难和问题时，能抓住契机，培养坚强意志。

现在的孩子都被家中长辈视作掌上明珠，因此，很多情况下，家长越俎代庖，替孩子解决了本该让他们自己去面对的困难和问题，导致的结果之一就是孩子比较羸弱。作为父亲，应该都经受过父母对自己的锻炼，深知困难和问题对自己成长的作用。因此，在这方面，更应该把孩子遇到的困难和问题作为锻炼孩子的契机，以培养孩子的意志和解决问题的能力。

美国著名导演卡梅隆的一句话令我印象深刻："无论做什么，失败都是其中一个选项，但畏惧却不是！"父亲在这方面的激励作用，会更加显著。

当然，成功的父爱没有统一的模式，成功的父亲也没有固定的模板。一个合格乃至优秀的父亲应该是孩子的心灵导师、知心朋友，既能启迪孩子的智慧，也能帮助孩子解决一些生活中的问题、心理上的困惑。

家庭教育中，父亲应该有所作为，并且大有可为！

家庭教育中应该防范两种倾向

"完全放养型"和"全面包办型"是家庭教育中两种极端的倾向，不可避免地对孩子的成长造成了影响。

主张"完全放养型"的家长，只负责满足孩子物质上的需求，其他基本不管。他们的观点是：孩子长大了，自然就会懂事。

主张"全面包办型"的家长，他们将孩子该做的一切全部包办起来。他们的观点是：要给孩子更多的学习时间；孩子小，做不好等。

纠正家长的错误思想，是进行正确教育的基础。

认识这两种倾向对孩子造成的影响，学会规避这两种倾向，家长需要做的工作还有很多。

通过接触大量的家庭，我们发现，现在的家庭教育中，有两种极端的倾向。

一是完全放养型。家长只负责满足孩子物质上的需求，其他基本不管。他们认为"孩子就是要释放天性，自由成长"，因此，选择了一种任其子女自由发展的家庭教育模式。

孩子成长过程中，这类家长采取的是"不关注、不参与、不干预"的"三不"政策。家长的观点是，孩子长大了，自然就会懂事。

二是全面包办型。家长将孩子该做的一切全部包办起来，包括生活中的吃喝拉撒睡，还有学习、娱乐等，剥夺了孩子一切选择决定的权利和动手实践的机会。这类家长的观点，或是要给孩子更多的学习时间；或是认为孩子马虎，做不好；或是认为孩子小，没有能力做出决定等。

这两种类型的家庭教育方式，对孩子的健康成长都极为不利。

很多三代同堂的家庭中，爷爷奶奶或者姥爷姥姥照顾孙辈，被子女认为是非常值得庆幸的事情。因为长辈确实能为自己减轻照顾孩子的负担。殊不知，这也可能为教育孩子埋下隐患。

这是因为，一方面，由于"隔代亲"，很多长辈对待自己的孙辈无微不至，格外关照；另一方面，很多长辈生怕子女责备自己对孙辈照顾不周，就把孙辈该做的一切事情全都做了。

在目睹了很多家庭对孩子的过分娇惯，还有很多"职业"家长对孩子的全面包办之后，我们在家庭教育中，有意做了这方面的预防工作。

女儿一岁半之前先由奶奶照看，后由姥爷姥姥照看。到了女儿一岁半的时候，我们就将姥爷姥姥送回了老家。然后，白天把女儿送到保姆家，晚上我们再接回来。

女儿两岁零十天的时候，我们就把她送到了幼儿园。从此，女儿就在我们的陪伴和教育下直到高中毕业。

客观地说，亲自带孩子，还要上班，肯定非常累。但是，这确实能够按照自己的想法，排除干扰（很多三代同堂的家庭中，父母对子女的教育方式和长辈的教育方式差别很大，而且常常产生矛盾），正确地教育孩子。

从女儿自己吃饭（作为一个还算称职的爸爸，我几乎没有给女儿喂过饭）到小学一年级就开始自己背书包、拎饭盒；从穿衣、收拾东西到扫地、往楼下送垃圾等，孩子应该自己完成的事情，我们从不包办。

值得一提的是，2018年孩子考入中国人民大学，9月去学校报道的当天，由于我和爱人有事外出，女儿独自带着行李去学校收拾床铺，让很多送孩子上大学，为孩子购买用品、收拾床铺的家长吃惊不小。孩子妈妈第二天才去了孩子学校，和孩子合了影。而我这个自以为称职的爸爸，直到第二学期才去过一次。

现在回想教育女儿的过程，在有效地防范全面包办（主要由我把控）的同时，我们在孩子成长的关键时刻、在家长应该有所作为的重要环节，也给予了及时的教育和帮助。

对家长而言，纠正错误的教育方式，需要对相关理论进行全面了解，否则，将会导致自己在错误的道路上越走越远。

对于持"完全放养型"思想（由美国著名儿科专家斯波克博士在《Baby and Child Care》一书中提出）的家长而言，需要明确的是，斯波克博士提出的"放养型教育"强调：一是父母要相信孩子，给孩子自由，不要过度干涉孩子成长，避免因提前制订周密的教育计划而忽视孩子的实际发展；二是注重规则和纪律。在孩子的养育过程中要明确哪些是孩子必须做的事，要制定明确的规则，并且在实施过程中态度要坚决，不能因为孩子的一些借口而放弃规则。

斯波克博士提出放养型教育，本意是尊重孩子身心发展规律，让孩子按照自己的节奏自由发展，家长不压制孩子的天性和爱好。这是一种以孩子实际发展状况为前提进行的"形散而神不散"的教育理念。

自由与纪律并存，放手与管教同在，这才是斯波克博士当初提出"放养型教育"的真正内涵。而"完全放养型教育"的弊端显而易见：

影响孩子形成正确的自我评价——完全放养型孩子，从小的想法是"没有人会关注我""没有人愿意管我"，在孩子形成自我认知时，产生"我是一个不受重视的人"这样的自我评价，会严重影响孩子自尊心的建立。

不利于孩子道德品格的培养——完全放养型的家庭教育在孩子童年早期缺乏权威形象的树立，孩子不知道什么是好，更不知道如何学习好的道德品格，这将不利于孩子良好道德品格的培养。

导致孩子缺乏规则意识——完全放养型教育培养下的孩子普遍缺乏规则意识，因为在父母眼里，孩子的天性高于规则。完全放养型的孩子会同时接触到许多社会不良信息，而孩子大多不具备过滤不良信息的能力，负面信息的过多接触一定会对孩子产生潜移默化的负面影响。很多失足少年都是完全放养型的孩子。

因此，避开纪律谈自由，抛开规则谈放手，这样的教育方式是一种过度放养，充其量只能叫"放羊式教育"。盲目追求规则之外的自由、纪律之外的天性，这种家庭教育是为人父母最大的不负责任。

如果说"完全放养型"家庭教育下成长起来的孩子有可能成为失足少年，从而对他人和社会造成影响的话，"全面包办型"家庭教育有可能对孩子的未来发展造成很大障碍。

还是从一个孩子的故事说起。

2014 年夏天，我的一个朋友带着已经 17 岁、上了高二的孩子来北京旅游。由于初次来北京，她希望我做导游。

在第一天陪他们旅游的时候，我发现这个孩子老是跟在我们后面，并且一直低着头。我很奇怪，就问朋友孩子为啥一直低着头走路。朋友告诉我，她家孩子从小到大一直就这样。

一直就这样？我很是不解。

经过观察，我发现在一整天的旅游中，从购买地铁、公交车票到打听行走路线，都是朋友去，从不让孩子去。甚至孩子想买雪糕都是朋友去买，孩子一直是战战兢兢、畏畏缩缩地跟在朋友身后。

晚上回来的时候，我告诉朋友："我找到孩子低头走路的原因了。"

"什么原因？"

"你把什么事情都替孩子做了，孩子什么事情都不用操心，他只需要看着你的腿走路就行了，他无须抬头！"

朋友有点儿将信将疑。

第二天，我跟朋友说，今天让孩子走在前面，买票的事情都交给孩子，我们跟在他后面，即使孩子坐错了车，我们也不要指责他，让他放心大胆地做。

第一次走在前面，给别人带路，孩子还是有点儿不自信，有点儿胆怯。但是，在我们的一再鼓励下，孩子慢慢地胆大了起来。要买什么票，要坐哪一路车，孩子很快就搞明白了。

一路上，他时而留心将要到达的车站站点，时而提醒我们做好下车的准备，时而告诉我们将要行走的路线……

他们将要离开北京的那一天，我问孩子："你这次来北京的最大收获是什么？"

孩子说："我学会了买地铁票。"

孩子的回答完全出乎朋友的意料。原来朋友以为，孩子可能会说见识了天安门广场的庄严和雄伟，可能会赞美鸟巢、水立方的宏伟气势，可能会感叹祖国首都的精英云集、文化荟萃……却万万没有想到，"学会了买地铁票"是孩子此次北京之行"最大的收获"。

我问我的朋友："听到孩子这句话，你是不是感觉特别伤感呢？你想到了什么？"

朋友说："看来我对孩子包办得真是太多了。我一直不放心他，管得太多，让他锻炼得太少。原来以为是爱孩子，现在看起来是害了孩子！"

孩子的回答的确有一定的道理：买地铁票可能是他第一次独立完成的任务，是他走向独立成长的开始，因此，毋庸置疑，这就是他最大的收获。朋友看到孩子能把旅游中的很多事情搞定，很高兴地又让孩子带着她，去天津旅游了一趟。

实际上，这样的家长，又何止一个？

有媒体曾经报道过：现在，从幼儿园到中小学，每当老师布置各种做手工、办小报、做社会调查和学术探究课题等课外作业时，就能在朋友圈里听到一片求助声。从找原材料到创造、制作完成，整个过程家长"深度参与"，孩子倒成了"打酱油"的。不少家长更善于发挥个人特长或者利用职务之便，包办代替。比如，媒体人士找专业美编替孩子设计小报版式，大学教师把自己的研究拿来让孩子报课题……最终的结果，是孩子不曾动手，却能交出一份漂亮的作业，赢得奖励或赞誉。

看着这些，我的内心可谓五味杂陈。

全面包办型的孩子不用对自己该做的事情进行思考和规划，久而久之，就会使孩子增强依赖性，缺乏责任感。

我们看到很多"巨婴"，二三十岁了，自己无所事事，还对家长百般刁难。我们在谴责这些"巨婴"的同时，是不是也需要谴责那些制造了"巨婴"的家长？家长是不是也应该反思，看自己的家庭教育到底出现了什么问题？"巨婴"的家长是不是也应该承担一定的责任？

需要注意的是，反对全面包办，并不意味着放任不管。

该孩子做的事情，就让孩子承担起来。比如，吃饭、穿衣，这是孩子可以做的事情，家长就不应该非要喂、非要帮孩子穿。收拾书包、准备学习用品，这是孩子可以完成的任务，家长也没必要参与。绝对不要怕孩子做不好，索性就自己做。

需要家长做的，家长就应该尽职尽责。除了照顾孩子必要的生活，还要督促孩子的学习，在孩子遇到困难的时候，帮助孩子分析原因、指导方法，找到解决办法。比如，孩子有一道题不会做，家长可以给孩子讲解方法、原理，而不应直接告诉他答案。

防止"完全放养"和"全面包办"这两种极端的家庭教育方式，需要思想上的高度重视，更需要行动上的积极落实。

教育孩子要把握"三性"

作为家长，你了解孩子各个阶段可能出现哪些问题吗？是否采取过相应的预防性措施？

孩子出现问题时，你敏锐地发现、及时地掌握了吗？你的归因正确吗？

解决孩子出现的问题时，你是否根据孩子的情况，采取了针对性的措施？

预测问题的前瞻性、发现问题的及时性、解决问题的有效性——家长把握了以上三条，就为培养出一个优秀的孩子打下了良好的基础！

在长期从事教育事业的过程中，我们发现，很多家长确实下了很大的功夫，孩子的一日三餐，吃喝拉撒，样样都管。甚至出现了一些"职业家长"——专司照顾孩子的日常生活起居、上下学接送等工作。他们希望通过精细化的陪伴，让孩子能够更好更快地成才。

可遗憾的是，家长的辛苦工作并没有达到他们想象的效果。相反，孩子却是毛病很多，问题很大。

出现这种情况，其中的原因之一，便是没有针对性地抓住问题的重点，没有正确把握好问题的关键！

女儿在成长过程中，也出现过很多问题。比如，交友中的问题、学习上的偏科问题、不适应学习层级的问题等。由于我们较好地抓住了问题的重点和关键，最后使问题得到了较为圆满的解决。

有哪些教育问题是重点？有哪些教育问题是关键？我以为，需要把握好以下三方面：

教育孩子需要有预测问题的前瞻性。

不同学段的孩子，可能出现哪些问题呢？

小学可能出现的问题有：

上课坐不住、随意说话、做小动作、注意力不集中；

不会整理学习用具及衣物，经常丢失物品；

不会与同伴相处；

抗挫折的能力较差；

对游戏、电脑、电视着迷；

学习偏科。

……

初中可能出现的问题有：

进入中学后，学习方式的改变给孩子造成的不适应；

进入青春期，孩子容易叛逆和标新立异；

由于家长教育方式没有与时俱进，孩子容易产生逆反心理；

由于课程难度加大，孩子容易有失落情绪；

由于成绩的落差，容易焦虑、自卑；

由于难以在学业上取得优势，容易通过上网等方式寻找成就感，造成网络或手机成瘾。

……

高中可能出现的问题：

在面对异性关系的问题上家长若无法及时发现问题，或者缺乏正确引导，容易造成孩子早恋或与异性同学交往过密；

孩子对自己的未来没有目标，对学习迷茫；

由于缺乏规划，学习效率不高，耗费大量学习时间；

由于高考压力增大，孩子会紧张、失眠，有的可能由此沉迷于游戏；

由于对科目重要性的认识不足，或与老师关系的亲疏等问题，会造成偏科的现象。

……

对孩子各个学习阶段进行前瞻性的问题预测，采取针对性的措施，才能有效地防止或减少以上问题的产生。

教育孩子需要有发现问题的及时性。

教育孩子的过程中，家长需要练就一双敏锐的眼睛，及时发现孩子成长中出现的问题。

孩子可能会出现哪些问题呢？

当孩子情绪突然波动时：情绪亢奋——是否与异性同学交往过密？情绪低落——是否遭受了什么挫折？经常痛苦——是否承受了无法消解的压力？

当孩子产生厌学心理时：老是请假，经常迟到，假装身体不舒服，听讲三心二意，对作业疲于应付，是否对上学没有了兴趣？

当孩子花钱突然大手大脚时：是玩游戏买装备、交朋友买礼物，还是受欺负被敲诈？

当孩子成绩突然下滑时：是否有其他因素对孩子造成了影响？

当孩子一段时间内持续失眠时：是否受到了同学的霸凌？

……

通过孩子的一些"症状"，及时发现孩子出现的问题，就可以防微杜渐，将问题解决在萌芽之中，争取对孩子造成的影响最小化。

教育孩子需要有解决问题的有效性。

问题的解决是关键所在，要综合考虑孩子的心理、适当的场合、恰当的时间等多方面因素，才能有效地解决问题。

首先，沟通思想是前提。要站在孩子的角度思考孩子的问题，才能理解孩子；要立足于孩子的发展，才能纠正和统一孩子的思想。

其次，制定措施是关键。措施不是家长的一家之言，制定措施不是家长唱独角戏，要综合考虑孩子的情况，和孩子共同制定有针对性的措施。只有如此，措施才可以较好地执行。

第三，强化落实是保证。既不能以为有了措施就万事大吉，也不能期望措施一到位就"药到病除"。要以孩子可接受的方法，策略性地帮助孩子落实。

第四，督促鼓励是手段。对孩子而言，有些问题的解决是一个艰难的过程。因此，习惯性地督促，常态化地鼓励，是家长帮助孩子解决问题的重要手段。

预测问题的前瞻性、发现问题的及时性、解决问题的有效性这三条家长把握好了，就为培养出一个优秀的孩子打下了良好的基础！

以身作则，方能成为孩子最好的老师

家长的以身作则至关重要

我们常常听到有的家长不断地抱怨孩子，殊不知，孩子的某些所作所为，其实就是受家长和家庭的影响。

家庭是孩子接受终身教育的唯一学校！

家长是孩子的第一任也是终身的老师！

希望孩子成为什么样子，家长就要率先垂范，自己先成为那个样子。

教育孩子，就从持续自省、约束自我、榜样示范开始。

有人说："父母是孩子的镜子，孩子是父母的影子。"这句话颇有道理。朝夕相处的家庭生活中，父母最容易成为孩子心目中最易接受、最易模仿的对象。父母的所作所为，直接影响孩子的言谈举止、待人接物和未来发展。

发生在我和女儿之间的几个故事让我印象深刻。

故事一：

大约是在女儿上初一的时候，北京市举行教师教学技能的测试活动。我任教的学科被安排在了周六考试。在前一天快下班的时候，我们同学科的几位老师在一起商量明天去考试的事情。商量的过程中，我们互相开玩笑，让先做出答案的老师给大家抄一下答案（实际上那真是一个玩笑，因为这种抄袭一点儿必要也没有）。当时女儿就在我的办公室写作业，听到了我们商量"抄袭"的一席话，孩子就哭了。我再三追问孩子为什么哭，孩子就是不说，一直在哭。当时，我还以为是孩子受了哪个同学的欺负，或者受了哪个老师的批评。考虑到办公室同事比较多，我认为可能是孩子不方便告诉我，为了了解真实情况，我和孩子就先回家了。

回家之后，我再问女儿她为何哭，女儿这才吐露了真情：你一直教育我要做一个诚实的孩子，一直教育我考试要诚信，不要抄袭。你们这是干什么呀！

我恍然大悟：原来我们同事之间的一次玩笑，女儿竟当真了！我赶紧给女儿解释：这就是我们同事之间的一次玩笑，不会真的去抄袭！再说那种场合抄袭，对老师来说，也是一件很丢人的事情。

虽然我后来做了很多解释，但是女儿还是将信将疑，久久不能释怀。

故事二：

平常和女儿一起上学的时候，我经常对女儿讲：一定要注意交通安全，如果违反交通规则，随意穿行马路，可能10000次违规穿行中有9999次是安全的，但有1次造成事故，可能就是致命的。所以，不管别人是否违反，自己必须严格遵守"红灯停、绿灯行"的规矩。

在女儿上幼儿园、上小学的时候，我特别注意这方面给她的示范作用，从不违反交通规则。即使马路上没有行走的车辆，但只要绿灯没亮，我们就从不随意穿行。女儿也养成了很好的习惯。

到了女儿上中学时，有时候时间紧张，我偶尔也想像其他人那样，不管红绿灯凑一拨人就过。这时候，女儿一定会拉住我，告诉我，绿灯还没亮。我只好再耐心地等待几十秒。所以直到现在，每次过马路，女儿都能做到绿灯亮了才通过。

故事三：

我在做好教育教学工作之余，也在业余时间做一些慈善活动和助人为乐的事情。我组织的那些活动，以及我的所作所为，也潜移默化地对女儿产生了影响。

2018年暑假，我组织了一次教育援助的慈善活动。其间，考虑到我的事情比较多，便带着女儿一起，让她协助我做一些力所能及的事情。

在一次登记分配客房时，酒店为了让我们随行人员住在同一个楼层，安排了六间有窗户的客房，一间没有窗户的客房。当时女儿没有在意，以为都有窗户，就随机给各个家庭安排了住宿的房间，那个没有窗户的房间也被安排了出去。发现这个问题后，女儿主动和那个家庭做了调换，我们自己住到了没有窗户的房间。

知道这个事情后，我深感欣慰，对女儿进行了大力的表扬！

在家庭教育中，家长"言传"的效果和"身教"的效果相比，身教的效果要大得多。即使父母对孩子进行了苦口婆心的教导，其影响力也远远不及日常生活中的润物细无声。

心理学的研究表明，孩子的行为过程有着明显的具体形象性。

年幼的孩子缺乏知识和经验的积累，他们首先是通过直观表象来认识外界事物的。孩子的学习方式主要是模仿。他们所模仿的第一个对象就是自己的父母，所以父母不仅是孩子的第一任教师，也是孩子的第一个榜样。很多孩子的行为举止就是模仿父母的结果。

如果家长为人诚恳、言行有礼，久而久之，孩子也会热情待人、彬彬有礼；如果家长对别人的态度粗暴、行为失态，那就很难培养出一个有教养的孩子。

在生活中，我常常听到这样的话："宝贝，给你买的新玩具，千万不能给别的小朋友玩，当心他们给你弄坏了！"这种情况下，多半培养出的是自私自利的孩子。

很多公共场合明明写着"请勿乱扔垃圾"的提示语，可家长的随手一扔，就可能让孩子成长为一个没有公德意识的孩子！

有一个故事很有教育意义，讲的是一对狠心的夫妻不赡养自己的母亲。有一天，夫妻两个用一个大筐抬着母亲，送到了深山老林。正要返回的时候，随行的孩子说，把这个大筐拿回家吧。夫妻两个纳闷：拿这个筐干什么呀？孩子说，等你们老了，我再用这个筐抬你们呀！狠心的夫妻羞愧难当，赶紧把母亲又抬回了家。

有一句老话讲得好："上梁不正，下梁歪。"家长要求孩子不吸烟不喝酒，而自己每天吸烟不断，酗酒不止；家长要求孩子走正道，努力学习，而自己却一天到晚打麻将、耍钱赌博。长此下去，生活在这样家庭环境中的孩子，很难满足家长的期望。

家长是孩子的榜样，孩子是家长的折射。身为家长，必须时刻注意自己的言行，用自己的行为教育孩子：

要求孩子相信的道理，自己首先相信；

要求孩子做到的事情，自己首先做到；

要求孩子不做的事情，自己首先杜绝。

家长的以身作则很重要。

正如孔子所说："其身正，不令而行；其身不正，虽令不从。"家庭教育中，每个家长都要做到以身作则，给孩子做出好的榜样。

只有如此，培养出的孩子，才是我们希望的样子！

潜移默化对孩子产生影响

家长对孩子的教育，多数是直白的显性教育。但产生持久影响的，则是潜移默化的隐性教育。几次发生在孩子身上的"意外事件"，让我更加坚信这个观点。

父母的人生格局、父母的思想信仰、父母的处世态度、父母的做事方法……在陪伴孩子成长的过程中，父母的所作所为都在潜移默化地影响着孩子！

一直以来，我自以为非常了解我的女儿，甚至还向别人吹嘘：孩子在我面前就是透明的。借以说明孩子对我无话不讲，我对孩子了如指掌。然而，不久后发生的一件事，把我自己先前的判断彻底击碎！

2018 年 8 月 16 日上午，应家乡某中学 N 老师的邀请，我带着女儿去和即将步入高三的学生交流。

在和文科班交流的时候，我担心女儿胆怯，就自己和高三学生交流了 30 多分钟，让女儿坐在后面静静地听。在只剩下 10 多分钟的时候，我把交流的机会交给了女儿。

让我始料未及的是，女儿的表现远远超出我的想象。

女儿先是对她高三的生活进行了展望，谈到了学习效率的重要性、自信心的作用、拼搏的意义、学习的方法以及时间的利用等。遗憾的是，由于时间仓促，文科班同学没怎么来得及提问，但是女儿周密的逻辑、清晰的条理、富有感染力的语言表达，已经赢得了初次见面的同学们的好感。

下课之后，就在我和女儿已经下楼将要离开学校的时候，N老师的电话打了过来。她让我们迅速到理科班进行一场交流（也许是N老师感觉刚才的交流对高三的学生很有意义，或是文科班交流的情况被理科班知晓，也想进行一场交流）。

盛情难却，我们只好折回。

吸取了上一场交流的教训，在理科班，我没有再讲一句话，而是让女儿和高三理科班学生直接交流。

女儿在开场白之后，直接切入问答互动的环节，而精彩之处正出现在此。

在同学们的踊跃提问和女儿的精彩回答中，我的脑海中再度出现了女儿过去的形象：时而和我开玩笑，时而向我撒娇，时而委屈哭闹，时而开怀大笑……我无法将女儿留给我的熟悉形象同台上思路清晰、风趣幽默、侃侃而谈的她画上等号。在我的固有印象中，她幼稚而固执；台上的她，成熟而随和。女儿的一个个精彩回答完全打破了我对她的固有印象，一个日臻成熟的女儿初露锋芒。

我无法记住那天交流的全部，但还是有很多令我感触颇深的方面：

女儿回答学生提出的各科学习策略问题，让我深信，她学习效率高，学习专注，意志坚强并且拥有拼搏精神，学习中能做到及时总结和自我反思。以至于在交流后，我和她开玩笑说，你668分的高考成绩看起来真的不是抄的。

从女儿回答学生提出的关于作文方面的问题中，我能看出她平时的积累多么厚实，进行了多少次针对性的练习……因为这一切，她在考试中才能临危不惧，游刃有余。

最令我意想不到的，是女儿对一些教育和社会现象的理性和客观的分析。

当有个同学提到如何看待"衡水模式"和"十一模式"时，我很担心一直在北京十一学校就读的女儿会大批特批"衡水模式"（有人说河北衡水中学和北京十一学校是中国基础教育育人模式的两个极端），因为女儿正是"愤青"的年纪，主观臆断、爱走极端是这个年纪常有的特点。说实话，在女儿回答的时候，我紧张地站了起来，已经做好了进行纠正和补充的准备（事后得知，对此问题N老师也是一直处于紧张状态）。

万万没有想到，女儿的回答让我吃惊不小。她说，衡水中学作为教育不发达地区的中学，其辉煌的高考成绩已经使很多学生实现了一流大学的梦想。这种模式有其存在的合理性。在充分肯定"衡水模式"积极意义的同时，女儿也说到，从一个人的未来发展而言，自主管理的能力和自主成长的意识更为重要。从这一点来讲，北京十一学校做了更多的尝试。虽然刚开始付出一些代价，但是，最终对学生的发展起了很大的推动作用。

理性分析，却不走极端；有所肯定，但观点明确。

我从内心被女儿折服了。

女儿谦逊的品格也给我留下了深刻的印象。正如N老师所言，女儿身上没有"大城市来的孩子"那种居高临下的优越感，没有看不起相对落后地区孩子的那种唯我独尊的眼光，有的是谦和的语言和谦恭的姿态。

……

女儿逐渐长大，十八年以来，我曾经自以为很了解她。

那天的事实，让我确信：原来我并不了解我的女儿，真的！

多日以后，我一直在想，在我们的家庭教育中，哪些做法在女儿身上起了作用？

难道是我平常做事精益求精、追求完美的精神？

难道是我平时在工作中善于积累、注意总结的工作方法？

难道是我平日看似古板实则力求拉近人际关系的处事方式？

难道是我不聪明但乐于虚心向别人学习的态度？

难道是我在平时教育学生过程中，相对客观、力戒极端的教育手段？

……

也许是，也许不是。

但是，可以肯定的是，孩子的教育是一个潜移默化的过程，父母的待人处事、言谈举止、工作态度、做事方式，无一不影响着孩子的成长。

当我们家长自身在成长的时候，孩子也在不断地成长；当我们家长自身缺乏进取心，每天只是抱怨的时候，我们的孩子也会不思进取。

孩子，真的是家长的影子！

99% 的家长都忽略了这些教育盲点

辅导学习并不是家长的职责

您知道家庭教育的边界是什么吗？

辅导孩子的学习，属于家长的职责吗？

面对学习上有问题需要辅导的孩子，家长该如何有所作为？

时刻叩问自己，家长就不至于越俎代庖，好心办坏事。

让我们树立这样一种观念：让专业的人做专业的事，最终才会有专业化的结果！

经常听到有的家长说：

"我的工作很忙，没时间辅导孩子的功课，真想辞职回家陪孩子。" 言者面露遗憾之情。

"我是公司主管，有很多自由支配的时间，又是名校毕业，可以辅导孩子的所有课程。" 言者面露得意之色。

"我很羡慕佳佳的妈妈，她是全职妈妈，每天陪着孩子上各种培训班，孩子不懂的知识，她全能辅导。" 言者面露仰慕神情。

……

每每听到家长的以上说法，我五味杂陈，不知如何应答。

不管是遗憾、得意还是仰慕，对于以上言辞，我都不予认同。并且我很确信的一点是：这些家长并没有弄清楚自己作为家长这个角色的职责，对自己的角色职责范围非常模糊。实际上，在教育的过程中，无论老师还是家长，都有自己的职责边界。对于负有家庭教育重大职责的家长而言，更需弄清楚自己的职责，千万不可越界。一旦越界，可能就会"好心办坏事"！

其中，辅导孩子的学习便是越界之举。很多没有越界的家长，其孩子却发展得很好。

有很多例子可以佐证，不少考上清北等名校的优秀孩子，他们的家长并不具有很高的学历，有的甚至接近文盲。也许正是因为他们没有办法、没有能力越界，孩子无法形成依赖性，反而变得更加独立、更加优秀。当然，也有更多的例子说明，很多有能力越界，但却没有越界的家长，他们培养的孩子也一样出色。

就我家而言，在女儿成长的过程中，我对她所起的作用，也仅仅是家长身份所起的作用，而不是教师身份所起的作用。

当然，会有很多人以为：你是老师，那肯定会教育好自己的孩子。可是，据我所知，也有很多教师的孩子，被教育得一塌糊涂。我认为，最重要的区别，可能在于家长的身份。

女儿曾经也向我求教过学科问题。对于小学的内容，我尚且可以勉强对付，但是，上了中学之后，我基本上没有给她提供任何帮助。原因在于：很多学科的知识我已经模糊，对学科知识的要求我不明了，万一说错了，则是给孩子帮了倒忙。即使是我所教授的道德与法治科目（过去，在初中叫思想品德科目，在高中叫思想政治科目），老师不同，要求也不一样。

因此，我对女儿直言相告：学习上的问题，你要寻找你的学科老师去解决。平时，你要多向学科老师求教，因为只有他对你本学科的学习情况最清楚。如果不了解这些就辅导你，那很可能就是误导，属于帮倒忙！

听了我的话之后，女儿在学习上的问题就不再向我寻求帮助了。实际上，对于每个家长而言，何尝不是如此？辅导孩子的学习，就如同医生给病人看病，也是一项专业性很强的工作（可能很多人并不这样认为，教师才深有体会）。如果你要辅导孩子的学习，你应该掌握的基础知识很多：

需要了解该学科的课程标准要求；

需要了解与教学相关的教育学知识；

需要了解学生该时期的心理学知识；

需要了解适用于该学科的教学方法；

需要了解与该学科相关的前期基础知识；

需要了解中、高考对该学科的基本要求；

需要了解不同类型题目的基本解题格式规范等。

家长扪心自问：对于这些，你都懂吗？如果你不了解这一切，那你的辅导基本上属于"瞎指挥""乱作为"。与其"瞎指挥""乱作为"，还不如"不指挥""不作为"。

更为可怕的是，一旦承担了给孩子辅导学习的职责，你将不得安宁，你的业余时间会被孩子占据。自己的事业，孩子的学习，都是你每天绞尽脑汁不可放弃的工作：白天在单位打拼，晚上在家里辅导；工作日在单位不得轻松，周末在家里也难以消停！你还有生活的乐趣可言吗？

尤其严重的是对孩子会造成这样的结果：他有了学习上的问题，不再向老师寻求解决方法。他学习的主动性会弱化，解决问题的自觉性会弱化。孩子形成学习上的惰性，是必然的！

因此必须明确：辅导孩子学习，不属于家长的职责！

但是，家长可千万不要认为，在孩子的学习方面，就可以无所作为。家长必须有所作为！家长要做的，就是鼓励孩子有了问题之后，除了独立思考，还可以求教于网络，更重要的就是及时帮助孩子消除各种顾虑（自己胆怯的心理、老师的态度等），大胆地求教于老师。

让懂经营的人从事经营，让懂管理的人从事管理，让懂医学的人从事医学，让懂教育的人从事教育……让专业的人做专业的事，最终才会有专业化的结果！

过节，该怎样与孩子的成长对接起来？

从来就没有哪个时间是专门教育孩子的时间，也从来没有哪个机会是专门锻炼孩子的机会。

教育孩子的时机，应该是无处不在的。而节日，就是一个很好的机会。

估计很少有家长思考过：节日，该怎样与孩子的成长对接起来？估计也很少有孩子思考过：节日，对于自己的成长意味着什么？

节日期间，让孩子学习一些生活的技艺；节日期间，让孩子组织一次亲友的聚会 提升自己的能力；节日期间，让孩子了解自己的家族文化，明晰自己的责任……

充分利用节日这个契机，同样可以让孩子接受教育，得到锻炼，促进成长！

每年都会有很多节日。这里面有传统习俗的延续，也可能添加了新的时代元素。或许很多人有这样的感觉，热热闹闹的节日除了吃吃喝喝、睡睡懒觉、打打麻将，或者玩玩游戏，似乎并没有给自己留下一点儿什么。估计很少有家长思考过：节日，该怎样与孩子的成长对接起来？也可能很少有孩子思考过：节日，对于自己的成长意味着什么？

实际上，春节、元宵节、端午节和国庆节这些重要节日，不仅是举国同庆、全家欢聚、享受亲情的时刻，也是教育和锻炼孩子的好时机。

节日期间，可以让孩子学习一些生活的技能。

不可否认，现在市场上的食品应有尽有，你想吃什么就能买到什么。但是，如果能全家在一起制作美食，不但能增进孩子与家长的情感，还能让孩子在欢乐的气氛中，学会生活中的很多技能。如果没有这个过程，孩子在这个时间段可能就只能与游戏、手机为伴了。

比如说每年春节，我们家很少去超市买现成的熟食，都是全家一起动手包饺子、做拉面，和孩子一起做油馃、炸麻花等。

和面、擀皮、包饺子、下饺子，我们分工明确，共同合作，一次充盈着亲情味道的饺子宴就完成了。揉面饧面，感受面的软硬度；搓成麻花，观察麻花的柔韧性；炸好出锅的过程中，尝试着控制油温、掌握火候、辨别色泽……节日，不应该是简单地把食品从超市搬到家里，而应该是家长和孩子共同创造家庭美食的亲情交融的过程。

节日期间，可以让孩子组织一次亲友的聚会。

现在的节日聚会都是家长一手操办，孩子极少参与。在这样的聚会场合，孩子基本是以客人的身份参加，而不是以主人的身份出现，不利于孩子人际交往的锻炼和责任意识的培养。

让孩子组织聚会，可以告知孩子家庭聚会的预算，告知孩子参加聚会的亲朋好友的基本情况，然后让孩子设计聚会的流程。设计完之后，针对设计中存在的问题，给孩子提出修改和完善的建议。

可以让孩子以自己的身份，撰写一段邀请文字，邀请亲朋好友参加聚会。

可以让孩子作为主人全程主持聚会，鼓励孩子大胆尝试，不要轻易干涉甚至否定孩子。

可以想象，在这个过程中，孩子不再以客人的身份参与，而是以主人的角色组织。他不再是无事一身轻，而是要时刻关注聚会情况，不断强化自己的责任意识；在这个过程中，他也能学到很多：理财知识，计划意识，邀请、主持等基本礼仪……同时能锻炼自己的综合能力。

节日期间，可以让孩子了解自己的家族文化。

现代社会，很多孩子对自己的家族文化、家情家风缺乏了解，而节日的出现，就为孩子了解家族文化提供了机会。可以充分利用节日的契机，让孩子了解自己家族的文化：家族的渊源，家族发展中的辉煌、挫折，家族奋斗的历史，家族中的先贤和他们的贡献，家族发展中形成的基本做人处事的原则和态度……让孩子在家族文化的浸润中，逐渐明晰自己在家族中应该承担的责任。

节日期间，可以让孩子通过多种方式提升自己。

如果去了农村，可以带孩子去赶集，去了解农民的生活和农村的教育；如果身在城市，可以随孩子去庙会，让孩子参加一些志愿服务活动，在社区做一些调查并在此基础上形成专题调查报告，从而让孩子更多地了解社会、关注社会，培养孩子的社会责任感。

宅在家里的孩子，可以读几本名著，提升自己的语文素养；可以观看几部优秀电影，写写观后感，锻炼自己的鉴赏和表达能力。

喜欢出去玩的孩子，可以拍摄一些节日中的所见所闻，通过剪辑、配音、配文等，制作一个介绍家乡文化的短片，提升自己对材料的设计、组织和呈现的能力。

中学的孩子可以将节日中发生的事情作为材料，写一些节日系列文章，锻炼自己的文笔，提升自己的作文水平。或者用英文写作，锻炼自己的英文表达能力。

小学的孩子可以做一期节日小报，根据小报的主旨拍摄相应的照片，尝试用简洁的文字概括照片内容……

无论哪一种方式，只要进行了认真的思考和积极的落实，孩子都可以有很大的收获！

没有哪个时间是专门教育孩子的时间，没有哪个机会是专门锻炼孩子的机会。充分利用节日这个契机，同样可以让孩子接受教育、得到锻炼，促进孩子的成长！

教育孩子，时机无处不在！

书面语言对于教育孩子的价值

在日常的家庭教育中，很多家长都习惯使用口头语言进行教育。因为口头语言的教育时间成本最低，不用花费更多心思。

但是，随着孩子的成长，口头语言的教育价值在逐渐降低，而书面语言，这种无声语言的教育价值却在逐渐上升。

适时使用书面语言，将会打开另一条与孩子沟通的有力通道！

通过口头语言和孩子进行交流，这是很多家长教育孩子的主要方式。而实际上，随着孩子的长大（特别是从孩子10~12岁开始），家长的"唠唠叨叨"逐渐不为孩子所接受，口头语言的教育作用日渐苍白。而很多家长似乎并没有注意到这一点，仍然我行我素，每天"唠唠叨叨"。这样导致的结果，就是家长感觉孩子越来越不听话了，并把这种变化归结为"叛逆""青春期来临了"等。

在教育女儿的过程中，我们发现，有时候书面语言的价值要远远大于口头语言的价值。特别是在孩子成长中的关键节点（小升初、中高考等）和重要时刻（生日、入队入团入党、成人礼等），通过书面语言这种交流方式，可以达到更好的教育效果。

需要注意的是，在书面语言的交流中，对孩子的良好表现要给予充分肯定，对于孩子身上存在的问题也要予以指出。

2013年，在孩子最后一个儿童节到来之时，我给她写了一封信。这一封信回望了孩子的成长带给我们的喜悦，在肯定她的点滴进步的同时，也委婉地指出了孩子的问题和我们的期望。

以下是这封信的全文。

致我最疼爱的女儿

——爸爸 于 2013 年六一儿童节来临之际

亲爱的宝宝：

深夜之时，在你最后一个儿童节再过 12 分钟就到来之际，给你写了这封信。此时此刻，看着你熟睡的脸庞和嘴角微微的笑意，我不禁想到了你的过去，审视着你的现在，也开始思忖你的未来……

13 年前，在你呱呱坠地的时候，我欣喜若狂。我很庆幸并感谢你的到来。我看着你柔弱的样子，每天盼望着你快快长大。每天看着你——

观察着你每一个细小的变化：第一次微笑，第一声哭泣，第一个哈欠……

欣赏着你成长的每一瞬间：长出第一颗乳牙，蹒跚着迈开第一步，第一次叫出"爸爸"两个字……

在你一岁的时候，我们搬到了新家，你第一次学会了说"下雨"；在夜晚去半月园散步的时候，你一次次堵在我前面，央求我"抱抱"；每天晚上，你指着图画书给我们认"火车""西红柿""自行车"……

在你两岁零十天的时候，你上了幼儿园。这一举动成了锻炼你自立能力的开始，虽然对你来说很残忍：每次你撕心裂肺地哭着找爸爸妈妈；每一次你生病、输液，但我们第二天还要带着药把你送到幼儿园……

你先是就读于北重幼儿园，然后转入铁建幼儿园，最后就读于工程兵幼儿园。每一次辗转，对你是考验，更是一种磨炼。

我还记得你脸上受伤的情景；我还记得你站在幼儿园的小黑板前大声朗读的情景；我还记得你荡秋千的情景；我还记得你演出《小星星》，以及你主持幼儿园毕业典礼的情景……

在新家租住了两年之后，我们又一次搬家到学校教师公寓。在这里，你学会了滑旱冰，开始了弹琵琶、跳拉丁舞，你在一天天懂事，在一天天长大……

6岁的时候，你开始了小学生活。虽然刚入学时，你也仅仅只能把自己的名字写成"小艺卓"，但我们并不发愁你在小学的学习。事实果真如此，你在小学的六年，没有让我们为你的作业费心过，没有让我们为你的表现为难过——你是老师眼中很懂事、很听话的孩子！

最让我们引以为豪的是，你富有感染力的朗诵不但为你赢得了荣誉，还培养了你的自信、展示了你的能力、锻炼了你的口才。从二年级（7岁）的时候你开始独立上下学，四年级（10岁）的时候独自到北京图书大厦购买书籍，以及外出学习琵琶演奏……爸爸妈妈工作忙，对你疏于照顾，但这并没有影响你的成长，相反，却铸就了你大胆的个性、独立的品质和敢于尝试的精神。

小学六年，你刻苦学习、敢于钻研、善于思考，为你初中学习打下了扎实的基础；小学六年，你勤于读书、善于积累、精于写作，为你今后的精彩人生积累了丰厚的资本……

虽然在小学时，你在同学中并不是那么耀眼夺目，但是你一直在不断地追求。这是爸爸妈妈最引以为豪的。我们不祈求你是一个天赋多高的孩子，只希望你是一个努力上进的孩子。因为具备了这一种品质，将会使你受用一生。

进入初中，你的状态完全出乎我的意料。

我一直坚信那句话：百花园里不可能都是牡丹，也没有必要都是牡丹，只要每朵花开到自己的极致，那就是成功。我希望你做最好的自己，也许你不是牡丹，你就是一朵普通的小花，只要你开得足够鲜亮，你就是最成功的！但是，从你目前刻苦努力的程度和良好的竞争状态来看，你必将成为牡丹，而且是最显眼、最鲜艳的牡丹……

我不善于表扬别人。对我的学生如此，对我的女儿也是如此。也许这是我的缺点，但是也正因为如此，我所做出的每一个表扬，才使我的学生感觉那么兴奋，才让你感觉那么可贵。

宝宝，请你相信：只要你做得足够好，我是不会吝惜鼓励和肯定的。而且我的鼓励和肯定是发自内心的最真实表达。你在上学期取得学校的两个"优秀特长生"、一个"卓越学生"和一个"海淀区三好学生"等荣誉，本学期初我以你为榜样，对我的学生进行了有针对性的教育。同时，我也在很多场合提到了你卓越的表现。因为你敢于挑战的勇气、精心细致的作风、永不服输的劲头、永争第一的精神，已经深深感染了我……这时候不肯定你，对你不公平，同时我的内心也难以平静……

我在欣喜之余，还有很多方面想提醒我的宝宝，目的是使我的孩子更加优秀：

成功的因素很多，做事的条理性是其中之一。每天整理好自己的东西，包括书包、床铺、书桌，既是在培养一个人的良好生活习惯，也是在培养一个人做事的条理性。而丢三落四、做事拖沓，书包、床铺、书桌脏乱差，既是一个人不良的处事态度的体现，也难以赢得别人的肯定和支持。

遇事有主见是一种优秀的品质，但是有时候可能会发展为固执。因此我希望你遇到自己难以解决的问题时，能多听听爸爸的一些建议。爸爸毕竟遇到过的事情比你多，而且也积累了一些处理问题的方法。如果你能虚心倾听，爸爸一定会为你化解许多心理上的羁绊、交友中的烦恼、生活中的困惑……

赢得荣誉很重要，但是比赢得荣誉更重要的是赢得友谊和支持。因此你处理事情一定要更加大度一些，这不仅会使你自己内心感觉快乐，也能帮助你赢得越来越多同学的喜欢和支持，更会在很大程度上助你赢得荣誉、赢得成功！

我希望我的宝宝在自己的努力下、在老师的教育下、在爸爸妈妈的帮助下，既能仰望星空、不断坚定理想，又能脚踏实地、不断奋发图强。只要你能时刻坚定信心，不断下定决心，持续保持恒心，胜利一定属于你！

过往的事实让我一直坚信：你必将成为百花园中最鲜艳、最显眼的那朵牡丹！

相信你，我最疼爱的女儿！

祝福你，我最疼爱的女儿！

永远爱你的爸爸

2013 年 5 月 31 日夜 23:48—2013 年 6 月 1 日凌晨 1:46

在洗衣服的间隙，写下这封信，致我最疼爱的宝宝周末的那天晚上，我把写好的这封信放在女儿的枕头边。第二天，女儿看完之后，到客厅找到我，抱着我就哭了。

我明白这封信已经在发挥作用！从她接下来的实际表现来看，也真的是达到了比较理想的教育效果。后来，通过书面语言和孩子进行交流，成为我们之间很重要的交流方式。

再次明确：

口头语言这种"短平快"的表达，看起来似乎效率高，有时候效果并不理想。而书面语言看似费时费力，有时候深刻程度要远远高于口头言语。

必须注意的是，千万不可把给孩子的信写成"讨逆檄文"，千万不可成为发泄自己内心不满的新渠道。

正确地运用书面语言，将是打开家长与孩子心灵沟通的又一条通道！

第二章

培养孩子的学习能力，
你不必焦虑

认知力有多重要

孩子的起点并不会决定他的未来

孩子的起点真的很重要吗？

起点低了，一定会对孩子的成长造成致命影响吗？

"起跑线决定论"在当今社会仍然具有相当的市场，但发生在孩子身上的事实却并非如此！

只有依据孩子的心理发展，遵循孩子的认知规律，不焦虑冲动，不急功近利，才能真正赢在未来。

毕竟孩子的成长是一场马拉松，而不是百米赛！

"绝不能让孩子输在起跑线上"这句话，不知道误导了多少家长，戕害了多少孩子。

在"绝不能让孩子输在起跑线上"的大旗之下，家长首先产生了焦虑，进而采取了"赢在起跑线上"的措施：怀孕开始抓胎教，孩子出生之后，配套课程接踵而至——提前学英语，提前学奥数，提前读国学，提前学艺术，提前抓体育……

在"绝不能让孩子输在起跑线上"的大旗之下，一个个孩子每天奔跑在去补习班的路上：周一晚上学英语，周二晚上学奥数……周末上午学小提琴，下午学跳舞，晚上学绘画……

可是，我们看到的结果是，这些孩子并没有因为采取以上措施，而显著地"赢在起跑线上"。

作为父母的我们，曾经也一度被各种补习班裹挟着，产生过一些焦虑。但是，由于女儿对补习班极度排斥，最终也没有系统上过文化课补习班的课（她只上过三节数学课外班的课），最终也并没有"输在起跑线上"。

2012年秋天，女儿升入初一，其他同学都是经过了选拔才进入初一的，她的成绩却非常糟糕。她在成绩方面和其他同学确实有着显著的差距。

知道这个情况后，女儿有点儿惊慌失措，不知如何是好。

我鼓励她：暂时的成绩差距没有关系，相反，对你却有很多好处。因为你现在知道了自己与其他同学的差距，认清了自己的位置；因为你现在处于最后，不可能再后退了，只要持续努力，做好自己，你只有进步这唯一的道路，你的成绩提升空间是最大的……

在我的鼓励下，入学考试并没有对女儿的心理造成破坏性的影响。在接下来的时间里，她努力做好自己：通过坚定自己的信念，调整学习策略，锲而不舍地努力，伴之永不服输的精神，一步一步提高成绩。

2013年9月，在学校教职工子女升学获奖表彰会上，她代表教职工子女做了发言。

她说："初一开学之后，爸爸发现了我情绪上的异常，他耐心地和我进行了一次长谈。他告诉我，因为我没考上十一学校，所以，我的成绩在年级五百多人中肯定是排在最后的，这时的我，只有可能进步，而不可能退步。因为我已经走在最后，只要我拥有梦想，一直向前走，我只有一种可能，那就是超越别人。所以，我没有什么可怕的。

"这次谈心之后，我决心追赶其他人，用优秀的成绩证明给爸爸妈妈看。

"在期末考试后，当我知道自己大概处于年级80多名的时候，我冲进了卫生间，激动的泪水不可遏抑地涌了出来，我把水龙头打开，冲水的声音掩盖了我的啜泣。我知道，我心中有梦，通过努力，我可以实现自己的目标！"

回望女儿的成长之路，虽然刚开始（小学、初中）和同龄的孩子相比，在成绩方面有比较大的差距（可能与她没有上过课外班有关），但是，起跑的快慢并没有对她的发展造成致命的影响。主要原因就在于，她能以"我"为主，做好自己。

因此，我给家长的建议是：

必须相信：孩子的起点绝不会决定孩子的未来！

必须做到：以我为主，做好自己（家长和孩子都是如此）。把命运掌握在自己手中！

无论起点如何，只要孩子不停止努力，他就会奔跑在成功的路上！

帮助孩子找到最适合的学习层次

孩子进了重点学校，到了实验班，学习成绩一定会很好吗？

孩子学习吃力，问题很多，仅仅是孩子的态度问题吗？

我们的任何举措，如果离开了孩子本身的学习基础，不考虑孩子的学习起点，忽视孩子的相关知识储备和接受能力，其期望结果往往不是我们想象的那样，甚至适得其反！

很多"病症"发生在孩子身上，可"病因"却在家长身上。只有家长"吃药"，孩子的"病症"才能好转！

"因材施教"这个观点，估计每个人都知晓，每个人都认同。但是，在实际执行的过程中，尤其涉及自己孩子的时候，就变了味道。

所以，我们经常能看到的是，很多家长想尽办法，力求达到这样的目标：孩子必须要上示范校，必须要上重点校；必须要进实验班，必须要进直升班；实施分层教学的学校，家长拼尽全力，必须让孩子上各科的最高层。

这种做法完全不着眼孩子的学习基础，不顾及孩子的学习起点，不考虑孩子的接受能力。

很多家长想当然地认为，只要孩子进了"好学校"（很多家长眼中的好学校，就是升学率最高的学校），只要孩子进了"重点班"（很多家长眼中的重点班，就是学习实力强的班级），只要孩子上了最高层（学习难度大、层次要求高），就会考出一个好成绩，就能考上一个好中学，抑或好大学。

事实上，结果并不尽然。然后家长就开始埋怨孩子：想方设法让你进了一个好学校、好班级，你却不好好学习，不珍惜机会等。

达不到家长的目标，原因实际上再简单不过：孩子的学习基础本身就薄弱，老师的授课只能根据成绩中等水平的孩子的基础开始，没有办法照顾到你的孩子；孩子的学习起点本身就很低，老师无法从你孩子的起点开始设计教学课程，孩子跟不上节奏那是必然；孩子的相关知识储备不多，其接受能力必然无法支撑难度较大的知识，因此，成绩难以提高是必然的。总之，到了这样的学校、这样的班级、这样的层次，老师没办法针对你的孩子"因材施教"，因此，目标难以达到也就不足为奇了。

更为可怕的是，很多孩子在这样的学校、这样的班级、这样的层次，经常遭遇挫败，一直找不到成就感，学习的自信心必然大受影响，学习的愉悦感必然逐渐消失。这些影响才是更为致命的！

北京十一学校实行分层分类教学，目的是让每个孩子选择适合自己的课程。女儿由于数学一直比较弱，所以初高中时一直处于数学的最低层。但是，这并没有影响到她的发展，相反，她在这个层次中如鱼得水，轻松自如，一直可以找到自信、找到愉悦，因此，成绩得以稳步提高。到高考时，居然考出了 142 分的高分，远远高于其他各科成绩。

我几乎可以确认的是，如果她当初选择了数学高层，由于基础薄弱，她将会学得非常吃力，甚至对数学学习产生抵触（这样的例子很多）。尤其要命的是，由于在这个高层学科上需要花费大量的时间，也势必占用女儿其他各科的学习时间，从而使其他学科受到重大影响（这样的例子比比皆是）。

还有一件事，让我印象深刻。

女儿的英语成绩还不错（中考英语 120 分满分，她考了 119 分），高中后进入了英语的高层学习。但是，随着学习内容的增多和学习难度的加大，女儿逐渐感觉到了不适应。

起初，女儿提出想退到低一层，我们并没有当回事。看着我们不置可否的态度，女儿只好顽强地坚持着。

终于有一天晚上，她回到家后哇哇大哭。我们当时很纳闷，不知道发生了什么事情。等孩子哭完，情绪平复了之后，我们才了解到，原来是目前她所处的英语层次对她而言太难了，她学得非常吃力，已经有点儿力不从心了。

女儿再次提出，想把英语调到低一层。

对于女儿的这个要求，我们满口答应。她经过和老师协调，第二周，顺利而愉快地进入低一层的英语班去学习了。

期末考试的结果出来后，我们非常满意：原来在高层处于最后的女儿，在这次统一的命题考试中，成绩比高层的有些孩子还要高。

能看得出来，在新的低层英语班，孩子收获了在高层时消失很久的自信，收获了那时难以取得的好成绩。

寻找适合孩子的学习层次，需要做好多方面工作。确定适合孩子的学习层次，需要家长长远思考。

孩子的成长不在于一朝一夕所处的位置，快速地起跑未必能第一个到达终点。只有立足于孩子目前的现实情况，着眼于孩子未来的发展，才不至于时刻焦虑，不至于失去理智。孩子只有在适合他自己的层级，才能快乐地学习、持续地进步。

学校需要提供和设置不同的教学或学习层级。

在课程的提供和设置方面，学校应该有意识地通过整合开发，提供不同难度的课程，这样才有助于孩子更好地找到适合自己的层级。对于学校而言，这是"因材施教"的基础性工作。只有这个基础性工作做好了，学生才可以有所选择，且选择准确。

必须让孩子亲自体验适合自己的学习层次。

一个基础较差的孩子，或许在进了一个重点班之后被激发了学习动力，能取得很好的成绩。但我们无法利用这样的个别案例来支撑家长对孩子未来的臆想，来否认"因材施教"这个普遍规律。而适合的前提，就是通过学习检测等手段，依据检测结果，让孩子进入相对合适的学习层次。

需要相应的教学管理制度的支撑。

让学习感觉吃力的孩子进入低一层级，让学习感觉"吃不饱"的孩子进入高一层级，需要在学校的教学管理中，有"保底而不封顶，上下自由流动"的制度支撑。如果做到了这一点，就可以让能走的孩子放心大胆地走起来，让能跑的孩子无所顾忌地跑起来。每个孩子都有收获，每个孩子都能成长。

适合的就是最好的！教育孩子尤其如此！

绝不可盲目跟风，绝不能一厢情愿！

帮助孩子找到最适合的学习层次，就为孩子的快速成长打开了一条始终充满希望的通道！

如何培养孩子的规划力

帮助孩子学会规划

　　每天看似忙忙碌碌，但却糊里糊涂、丢三落四、做事无序、凡事一团糟；

　　作业无法按时完成，忘记了参加社团活动，回到家才想起了和老师谈话的约定……时时刻刻忙于应付；

　　自己疲惫不堪，却时常被老师、家长批评……

　　很多孩子做事缺乏规划意识，已经很大程度上影响到了他们自身的发展。

　　能有序规划自己的日常，才能高位规划自己的人生！

　　帮助孩子学会规划，家长应该有所作为。

　　在多年的教育工作中，我们发现，学习成绩好的孩子，一般都是规划做得比较好的孩子。他们善于规划自己的学习和生活，在相同的时间内可以完成较多的学习任务。他们做事目标明确，思路清晰，有的放矢，效率很高。他们在提高成绩的同时，也能很好地安排自己的娱乐。

　　女儿艺卓还算是一个比较听话的孩子，但是，往往越是听话的孩子，做事就越被动。很多情况下，被动执行多，主动作为少。看似忙忙碌碌，实则效果一般。我们觉得这对于她的成长而言，是极其不利的。因此，我在日常的家庭教育中，结合自己教育学生做规划的一些具体实践，对女儿进行了关于学习规划的指导，以增强她的规划意识，培养她的规划能力。

必须要让孩子明确规划的意义，因为明确了规划的意义，才能从思想上增强对规划重要性和必要性的认识，才能自觉地做好规划。

以下是我教育女儿远程中的一些规划策略。

有了规划，就可以做到有事可干，避免无所事事。

很多孩子不是不想学习，而是不知道学什么。尤其是在作业已经完成的情况下，更不知道该干啥了。有了规划，就可以或阅读，或锻炼，或增强，或补弱，做到有事可干，避免无所事事的状态。

有了规划，就可以做到专时专用，提高学习效率。

有的孩子在写作业的时候一会儿喝水，一会儿吃东西，一会儿上厕所，一会儿看电视。一边玩一边学，玩也没有玩好，学也没有学好。有了规划，就可以按照规划中的时间认真落实，从而提高学习效率。

有了规划，就可以做到及时提醒，完成学习任务。

对于一些丢三落四的孩子而言，做好规划尤为重要。规划可以帮助孩子厘清各项任务，分清主次，依次落实，起到及时提醒的作用。

做好规划应该把握的基本原则有：

一是要事优先的原则。

按照事项的紧急和重要程度，按照"紧急重要""紧急不重要""重要不紧急""不重要不紧急"次序，优先规划"紧急重要"的事项，再依次规划其他事项。

比如，放学后首先规划完成学科作业，其次规划半小时阅读，再规划一小时运动等。

二是就近安排的原则。

可以对照自己每天的课表，首先规划完成当天学习任务，再规划完成随后几天的任务。

比如，完成当天的数学作业，熟读明早要学习的语文古诗，再完成下周的思想品德小报。

三是具体可操作的原则。

任何规划都忌讳大而空，大而空的规划可操作性很差。

比如，做这样的规划："做作业，学习"，其可操作性就很差。因为"做作业"没有明确"做什么作业"，而"学习"由于指向不明确，没有说明"学什么"，所以很难落地。

做规划一定要具体到做什么事情，具体到某一学科教材或者教辅的某一页。

比如，默写语文课本第 ×× 页的古诗，背诵英语课本第 ×× 页第1~7行的单词，完成数学练习册第 ×× 页第1~3题的计算等。这样的规划就很具有可操作性。

四是易于评估的原则。

每个规划都应该做到可评估。可评估的规划才是有价值的。诸如"完成""背诵""默写"类就限定了结果和目标，就是属于可以评估的。

比如，完成语文《文言文阅读》第28~30页的作业，会背诵《观沧海》《长征》，会默写《送杜少府之任蜀州》等。

而"学习""活动"等就很难评估。因为没有明确学习什么，学到什么程度；搞什么活动，运到什么要求等。

五是劳逸结合的原则。

规划并不意味着要把课余时间都用来完成学习任务，只是为了避免荒废大量时间。将自己的学习、活动、休息等都纳入规划，才是一个合理的规划。

比如，周六早7:30起床，7:40-8:00跑步，8:00-8:20早餐，8:30-10:30写作业，10:30-11:30打羽毛球。

如果全部规划为学习，显然是不合理的，因为没有考虑吃饭的时间和运动放松的时间。劳逸结合，才能消除疲劳，做事才更有效率。

规划还可以分成多种类型：

前瞻性规划——对将要学习的知识进行预习，对将要参加的活动进行预设等。

常态性规划——英语单词打卡、语文名著阅读等。

任务性规划——完成当天的作业等。

完善性规划——完成未完成的任务和新增的任务，对已经学完的知识进行补充和完善等。

需要明确的是，规划不是为了让别人看的，而是为了更好地理顺自己的学习和生活，指导自己的学习和活动。因此，规划的实效性至关重要！

所有的规划只有落到实处才有价值。否则就成了海市蜃楼，好看不好用。因此，如何落实规划，也是家长必须重视的问题。

必须教给孩子落实规划的方法：可以依据落实情况，给予孩子一定的奖惩（比如，适当延长或缩短孩子的娱乐时间），可以让孩子找个监督人进行监督，可以让孩子的好朋友进行检查或通过老师的反馈进行检查，家长也可以常态化地督查和抽查……最终帮助孩子养成好习惯！

养成做好规划和不折不扣执行规划的好习惯，将很好地提升孩子的学习效率，提升孩子的生活品质。

　　在这方面，家庭教育责任重大。

如何培养孩子的"厚积薄发力"

教育孩子笃信坚持的意义

您的孩子遇到困难会退缩吗？孩子退缩后，您是就此打住，还是鼓励他战胜困难？

您的孩子会坚持不懈地学好一门特长吗？他想放弃这项特长时，您是什么态度？督促他坚持练习，还是不了了之？

您认识到坚持的意义和价值了吗？

人生，就是一个不断坚持的过程！教育孩子笃信坚持的意义，督促孩子形成坚持的习惯，这是家庭教育的重要内容！

这个世界上有很多在付出之后马上就有回报的事情，也有很多需要长期投入、靠矢志不渝的坚持才有所成就的事情。只不过对前一种，人们常常趋之若鹜；对后一种，人们却唯恐避之不及。

学习亦是如此。如果有人说学习是一件很愉快的立竿见影的事情，估计很难令人信服。不可否认，学习中会收到令人愉快的结果，但是依然有很多痛苦的事情。但是，选择在痛苦中坚持，往往也就意味着选择走向成功。

坚持是一种难能可贵的精神，是每个追求成功的人都应该拥有的精神。很多人在追求成功的路上，虽然做出了很多努力、付出了很多心血，但在一时看不到未来的情况下，就选择停滞下来，半途而废；或者感觉自己已经失败了，自暴自弃，不再往前走。放眼社会，在孩子成长的过程中，这样的事情实在不少：

一时心血来潮，决心要学钢琴，将来做钢琴家。于是，高价买钢琴，高薪请老师，一对一模式下开始了雄心勃勃的学习。可是，没过几个月，孩子失去了学习的兴趣，家长失去了督促的耐心……于是，眼睁睁地将当初描绘的美丽画卷变成了海市蜃楼。

突然心潮澎湃，立志要大量读书，提高写作水平。于是，购买了数十本书，制订了细致周密的学习计划。可是，没读多久，发现自己的写作水平未见明显提高。失落之余，以为自己没有写作的天赋，随即将书籍束之高阁，与尘为伴。

为了锻炼身体，制定了长跑目标，细化了跑步计划。实施没多久，感觉太辛苦。当初宏伟的目标和计划逐渐被今天玩一次手机，明天睡一次懒觉，后天太累太困等借口所取代。久而久之，又恢复了最初的状态。

很多在一开始被父母认为是"神童"的孩子，都是在这样的状态中，一步步走向平庸。

很多家长想不到的是，孩子在学习、成长中碰到的所有困难，其实都是未来生活的预演。唯一不同的是，现在放弃和失败后的代价要小很多，而长大后，放弃和失败的代价要大得多，甚至和成功者之间会拉开巨大的差距。

"贵有恒，何必三更起五更眠；最无益，只怕一日曝十日寒""精诚所至，金石为开""绳锯木断，水滴石穿""锲而不舍，金石可镂"……

坚持的意义，古人早已为我们阐释清楚。

做事选择坚持而不是选择轻易放弃，是每一个孩子成长中必备的品质。笃信坚持的意义，对每一个孩子的成长至关重要。

在一定程度上，女儿的成长过程，就是不断坚持的过程。

按照小学的课程设置，女儿从二年级开始学习英语。当时我发现一个问题，就是她的很多同学家长都不约而同地给孩子报误外班，希望给孩子增加些外力，以提高英语成绩。但是我们并没有选择这样做。因为语言的学习，除了不断地听说读写之外，可能没有其他更好的办法。在不断的听说读写中去练习，才能学好英语。女儿的英语学习正是沿着这样的道路，进行了持续性的学习积累。

女儿每天回家做完其他的书面作业后，一个重要任务就是给我们大声朗读英语课文。由于多次阅读，很多对话和课文她都可以背诵下来。她将这一项学习任务坚持到了小学结束，我们也一直做她的忠实听众。

为了训练她的英语听力，我们把学校给她发的英语听力磁带全部利用了起来。每天晚上睡觉之前，我们会在女儿洗漱的时候，针对她最近学习的英语知识，播放对应的英语听力磁带。这项工作，每天雷打不动。每天早晨起床之时，我们也播放英语听力磁带，同样，这项任务每天风雨无阻。

每天早晨和晚上的英语听力磁带播放，不是要求孩子必须坐下来认真听，而是创造一种英语环境，使孩子在晚上朗诵英语对话和课文的基础上进一步强化语感，让这种语言信息进一步刺激她的大脑，从而达到真正掌握和娴熟运用的目的。虽说每天只有二十多分钟的时间，可日积月累，其作用不可小觑。

客观地说，女儿在英语学习的过程中，尤其在听和说的练习中花费了大量的时间和精力。这与一般家长所报的课外班所施行的"短平快"教育方式相比，看起来似乎效率很低。殊不知，语言的学习，正是建立在这种长期积累的基础上，才能逐渐养成语感。

有了语感，在考试中也是占优势的。也许你并不知道一道题的正确答案是什么，但是经过大量的听和说的练习，足以明确哪一个选项是正确的。正如我们说话一样，我们在说话时，并没有刻意注意语法的运用，但是，我们说出的话基本都能准确表达我们的意思。

英语的这个听说学习过程，持续了四五年的时间。对孩子而言，每天的坚持是一种意志的磨炼。对家长而言，每天的督促也是一种内心的历练。

应该说，无论是对于女儿，还是对于我们家长，都是这种坚持的受益者。

坚持英语听说学习，使女儿不断地品味着成功的快乐。坚持的结果，也激发着她前进的动力，推动着她各方面的深入学习。

培养孩子善于坚持的品质，家长有很多事情可做：

家长应该成为做事坚持不懈的榜样。

每天坚持写 1 篇日记，每年就是 365 篇；每天看 10 页有用的书，每年可看 3600 多页书；每天打 10 圈麻将，每年就打 3600 圈麻将。时间可以积累，也可以浪费。一个人坚持做什么事情，决定了他成为什么样的人。在追求自我价值的过程中，家长的坚持不懈，对于孩子来说，就是无言的榜样！

家长应该教育孩子笃信坚持的意义。

必须让孩子相信，一个对待学习三天打鱼两天晒网的孩子，很难突然有一天，全身心投入地去做一件事；在学习上遇到一点儿困难就放弃的孩子，很难在未来面对生活的考验时，一下子做到百折不挠，一往无前。

必须让孩子知道，从小学到高考，十多年的学习成长经历仿佛一场极其漫长的马拉松，数不清的孩子会在中途掉队。而其中胜出的，往往是那些善于坚持的孩子。

家长应该帮助孩子养成坚持的品质。

日日行，不怕千万里；常常做，不怕千万事。坚持的力量不容小觑，坚持就是蜕变的开始。

常态化的督促检查，一如既往的加油鼓劲；失落情绪下的陪伴，艰难状态下的激励；出现问题时的不急不躁、共同面对，取得成绩时的真心祝贺、及时表扬……都是促成孩子坚持下去的不竭动力。

需要警惕的是，家长在教育孩子方面，认定的正确事情坚持起来可能很艰苦、很漫长，需要付出百倍的耐心！很多家长说，我家孩子天生不是学习的料，那我说，首先您不是一个善于坚持的智慧家长。因为不愿意持续做某一件事情时，我们总是能为自己找到借口。对于教育孩子的正确措施，只要努力并坚持，就一定可以在孩子身上看到结果，坚持的时间可能不是三个月、五个月，可能需要三年、五年，甚至更长。

让我们相信：如果你想做成一件事情，那就坚持下去，时间会把你的坚持一点一滴地记录下来。它见证着你的成长和积累，假以时日，所有的努力和坚持都会汇聚成一股超越自我的能量，让你变成当初想成为的样子。

这个模样就是你眼中的成功，就是他人眼中的神话。

孩子如此，家长亦如此！

让孩子认识到阅读的重要性

抛给家长一个问题：今年你读了几本书？在这样一个快节奏的时代，你认识到读书的重要性了吗？

在补习班遍地开花的城市，有多少孩子躲开补习班而静静地读书？

我们应该立足当下而急功近利，还是应该立足未来而日积月累？

······

很多问题需要我们深入思考，并做出正确回答！

这些年，各种各样的课外班蓬勃兴起：有托管班，也有补习班。这些课外班的兴起，确实在一定程度上对家长无暇及时接送的孩子、对学习上存在问题的孩子起到了一定的帮助作用，但也不可避免地出现了一些更大的问题：孩子每天穿梭于各种课外班，无暇静下心来潜心读书和思考，无暇进行自我总结和反思，这在一定程度上又弱化了孩子学习的主动性。

这里只谈阅读对孩子的重要性。

还是先说说女儿艺卓的阅读。

从女儿三年级开始，我们就和她一起进行名著类的阅读（一、二年级是集中识字的阶段，到三年级时已经具备了一定的阅读能力）。为了培养女儿的阅读兴趣，我和孩子妈妈会绘声绘色地给她讲很多名著中的精彩情节，女儿经常听得如痴如醉。渐渐地，她有了自己阅读、自己探索的兴趣。这个时候，我就从讲述者身份中出来，成为她的一个陪读者。

有了读书的兴趣之后，女儿四年级开始进行大规模的阅读，古今中外、科技艺术、军事体育、文学历史，均有涉猎。渐渐地，在阅读当中，她开始有了偏向和钟爱——文学和历史，并逐渐地和自己的未来发展联系起来，而且深刻地影响到她对大学专业的选择。

读书，逐渐成了女儿的一种生活方式：在卧室、在卫生间、在客厅，都摆满了她要阅读的书。

有好多次，她进了卫生间后很长时间不出来，我们推门去看的时候，发现她在读书，而她自己却忘记了自己在上卫生间。

有好多次，我们听到她在抽泣，过去一看，是她被书中的情节所感染。

有多好次，夜里很晚了，她的卧室一直亮着灯，我们推门一看，她还沉浸在阅读中……

前不久，在整理她阅读过的书籍时，我们粗略估计了一下，她从三年级开始到高三毕业，大约读过400多本书。有的书是多次反复阅读，比如，《红楼梦》和《巴黎圣母院》等，就读过四五遍。小学三年级到高中三年级，十年的时间，平均每年读书约40本。除掉高三的话，平均每年的读书量应该有50本。这个数字对于一些阅读量很大的孩子而言并不算多，但是对她的成长起到了很大的作用。

阅读量增长了，女儿会在一些书籍的对比中发现信息不一致的地方，比如，对某些历史人物的描述。这时候，在读书的选择上，我们会给予女儿一定的指导，引导她读经典著作，读一些被大家广泛认可的正史，而不是道听途说的野史。

在进行了大量的比较阅读之后，有一天，我们一起吃饭的时候，女儿突然对我说：

"爸爸，将来我想写一本《武则天传》！"

"武则天不是有很多传记了吗？你还写她干什么？"

"现在很多有关武则天的传记对武则天的描写都不客观，都是抓住了武则天生活中的一些绯闻琐事，让人感觉武则天就是一个坏女人的形象！"

"那真正的武则天是什么样呢？"

"评价一个历史人物，不应该抓住这个历史人物生活中的一些绯闻琐事，而应该看她在推动历史发展的过程中起到了什么样的作用！"

接着，女儿开始对我侃侃而谈，给我讲了武则天当时所处的历史背景，所采取的施政举措，这些举措对推动和稳定社会起到了何种作用。我对武则天兴趣不大，了解甚少，但是，从女儿的描述中，我能深刻地感觉到，通过阅读和思考，她已经能客观辩证地看待一位历史人物和历史事件。这是极其难能可贵的。

实话实说，将来女儿的这一本《武则天传》能否面世，已经不再重要，重要的是读书已经促进了她的深度思考。

阅读积累到一定程度，主动写作就成了自然而然的行为。

很多时候，女儿在完成老师布置的学科作业之后，就开始写作，并且坚持不懈。甚至在紧张的期中、期末备考期间，她的写作也不曾间断。

即使到了高三，在没有老师要求的情况下，有时候她也要自己写作，或对家乡生活进行描述，或对某一问题进行思考，或对现实进行分析，或对历史进行回顾。主题多样，形式多变。

大量的阅读和写作不但提升了她的文学修养，锻炼了她的写作能力，而且帮助她逐渐找到了自己的兴趣点，明确了未来发展的方向。

实话实说，今天提到阅读，可能大家都会觉得离自己很远，而且会忽然觉得自己好像很长时间没有真正看过一本书了，甚至很久没有买过一本自己喜爱的书籍了。而广泛地阅读，可以丰富自己的精神世界，可以让自己更加理性地看待现实问题。人的素质提升和气质培养是可以在阅读中形成的，而且是潜移默化的，只有内心世界充实，才会让人感受到对生活态度的坚定和明确。

阅读，对孩子尤其重要，会使孩子的内心和精神得到真正的营养和升华。

回到本文的主旨：家长也可以扪心自问，自己是不是一个喜欢读书的人？如果您没时间读书，您是不是能适时地引导孩子去读书？

可能还要明确一个观点：任何企图通过上课外班这种短平快的方式来提高语文成绩、提升语文素养的想法，都只是自己的一厢情愿，是绝对不可能达到目的的。

因此，从功利性的角度，也有必要提醒各位家长：中高考一再证明："得语文者得天下！"

要想帮助孩子提升语文素养，要想帮助孩子涵养气质、丰富情感，阅读就是最简单、最有效的方式！

以点带面激发孩子的成长

孩子成长的过程中，有很多重要的"成长时刻"。

比如，孩子第一次独立做某件"大事"，孩子的重要成长节点（入队、入团、入党、升学等），孩子获得重要荣誉的时刻……

这些"成长时刻"，是孩子人生中的一个点，却对孩子的成长具有重要意义。

适时地抓住这些"成长时刻"，就可能触发孩子追求进步的神经，对孩子的成长在整体上起到以点带面的积极作用。

女儿小时候，我们一家看电视节目时，每当看到电视上有孩子的精彩表现，我们都会忍不住夸赞几句。刚开始的夸奖是无意为之，到后来我和孩子妈妈默契"配合"的夸奖却是有意而为，尤其会去夸赞台上妙语连珠的主持人，称赞"中国汉字听写大赛""中国诗词大会""中国成语大会"等舞台上选手的精彩表现。其目的就在于引导孩子向这些优秀的孩子学习。

我们的这种有意为之的"表演"，对女儿的成长起到了较好的导向作用。

渐渐地，女儿也非常羡慕在台上主持活动、参加朗诵比赛、表演节目的同学，并在家里不时地进行练习。一、二年级时，她每天回家完成作业后，就大声地给我们朗读课文。后来，她尝试给我们朗诵自己写的"小诗"（姑且称为"小诗"吧）。

小学四年级时，女儿在海淀区太平路小学组织的"文明守纪 安全快乐"主题演讲比赛中获得了"最佳口才奖"。这对女儿是一次不小的鼓励！

小学五年级时，学校举行朗诵比赛。由于从小了解了王二小的故事，于是，女儿决定把这次朗诵的主题确定为"小英雄王二小"。为了这次比赛，女儿在网上查找有关王二小事迹的材料，观看了电影《少年英雄王二小》，精心准备、反复修改朗诵词，并且一遍遍在家里朗诵，听取我们的改进意见。最后，女儿希望做配乐诗朗诵。于是，我们给她准备了视频和音乐，以契合她的朗诵内容。

功夫不负有心人，女儿在全校的比赛中取得了第一名的优异成绩！

赛后据老师说，她的朗诵声音洪亮，吐字清晰，情感真挚，节奏把握到位，现场很多小朋友都哭出了声，有的老师也忍不住流下了感伤的眼泪。

回家后，女儿很高兴，又给我们声情并茂地朗诵了一遍。我把她的朗诵录下来之后，进行了配乐。

可能有人会说，参加朗诵比赛不会耽误孩子的学习时间吗？

确实，准备一次像样的比赛，确实会花费比较多的时间。但是，有时候一次比赛的收获，可能比放弃比赛而去"珍惜"时间得到的收获更多！其收获，至少有以下几方面：

参加朗诵比赛，可以培养孩子的自信心。

由于女儿没有参加课外班学习，我们也没有提前教她什么知识，因此，小学初期女儿几乎没有获得过什么奖励，她的自信心也大受影响。但是，通过朗诵比赛，在取得了优异成绩之后，女儿树立了一定的自信。她看到自己并不是一无是处，自己也有闪光点。

参加朗诵比赛，可以激发孩子的内驱力，树立远大理想。

女儿几次参加演讲和朗诵比赛，取得了优异成绩，使她的"野心"膨胀，萌生了自己的目标：考上中国传媒大学，争取当一个主持人。

但是，这个目标实现起来，谈何容易。

我们和她一起通过网络"探访"主持人的成长道路：除了具备主持、演讲、朗诵等专业素质外，出色的文化课成绩也是必不可少的。只有兼具各项能力，才有实现这个目标的可能。

了解了主持人的成长路径后，女儿自然就将学习摆在了极其重要的位置，激发了她的内动力和求知欲。虽然女儿高考后选择了中国人民大学，没有选择中国传媒大学，但初期目标对她所起到的激励作用不可低估。

参加朗诵比赛，可以激发孩子的竞争意识。

通过班级、年级、学校一轮又一轮的初赛、复赛和决赛，她明白了竞争是生活的常态，只有不断适应竞争，勇于迎接竞争，才能最后赢得胜利。

参加朗诵比赛，促进了孩子写作能力的提升。

通过反复用心打磨和精雕细琢朗诵稿，她的文章构思、遣词造句、情感融入能力均得到了一定的训练，促进了写作能力的提升。

此外，参加朗诵比赛，也锻炼了她的胆量，帮她克服了胆怯，锻炼了她临场不惧的表达能力，对其良好性格的养成起到了推动作用。参加朗诵比赛，也培养了她不屈不挠、积极向上的进取精神……这些对于她的成长，也是极为重要的。

抓住孩子成长中的一个点：通过一个机会让他发现自己的潜能，通过一个平台让他发现自己的特长，通过一次努力让他取得一点儿突破，通过一次比赛让他得到一点儿自信……然后由此激励孩子，有时候会产生以点带面的神奇效果！

如何培养孩子的自控力

座位的选择说明了什么？

大学的时候，孩子们普遍自主选择座位，估计很少有人观察总结过，什么样的孩子会选择坐在什么位置。

哪些孩子喜欢坐在第一排？坐在第一排有什么好处？

哪些孩子喜欢坐在后面？坐在后面意味着什么？

如果我们不认真思考，很难将选座的行为与孩子的学习目标、学习的自觉性、自律性挂起钩来。

如果我们进行了认真的思考，将会发现一个很大的问题。

也许这个问题，在一定程度上导致了孩子之间的成绩差距！

女儿艺卓刚上初三的第一周，某天放学后，和我一起回家的路上，孩子兴奋地对我说："爸爸，我告诉你一个好消息！"

"什么好消息呀？"

"化学课我坐在第一排了！"

"老师安排座位了吗？"

"第一节化学课的时候老师没有安排座位，我就自己坐到了第一排，老师说如果第二节课自己还是坐在第一节课的位置，那就把座位固定下来了。所以，今天上午，前一节课刚结束，我就赶紧跑到化学教室，坐在了原来第一排的位置。这下我就放心了，下节课我不用早早过去占座位了！"

"那坐在第一排有啥好处呀？"

"坐在第一排的好处很多呀！我坐在第一排，老师讲课的内容我能听得最清楚；坐在第一排，我有听不懂的问题，举手提问的时候，老师能第一个发现我；坐在第一排，我也不敢和别的同学左顾右盼、交头接耳，因为一交头接耳就被老师发现了。如果我坐在后面的话，有同学想和我说话，我可能会控制不住自己。即使控制住了自己不和同学说话，可能也会影响我和那个同学的关系。"

听了孩子的这一番话，我内心感觉特别高兴，当即对孩子进行了夸张的表扬！

乍一看，这就是一个普通的座位选择的问题。但是，我认为，对座位的选择反映出来的是孩子对待学习的态度。

记得孩子刚上小学的时候就说到了座位安排的问题。当时我告诉她，如果有可能，你就尽量往前面坐。

孩子在懵懵懂懂中，我告诉她——心理学上有个追踪研究：老师让一些孩子进入教室，让学生随意选择自己的座位，然后听一场讲座，研究者悄悄地把学生座位的位置拍摄下来。三十多年后，研究人员追踪了解那些孩子的情况，发现当时坐在前面的孩子，事业上取得的成就要比坐在后面的孩子大一些。

研究认为：主动坐在前面的同学，对自己有更高的要求，更加专注于听讲的内容，更加愿意将自己置于老师的监督之下。

没有想到，"无心插柳柳成荫"，当初无意之中的一次教育，居然在孩子心中留下了这么深的印象。

平常，我们经常会遇到孩子自主选择座位的情况，也会从中发现一些问题：往往坐在前面的孩子对自己的要求更高一些；而坐在后面的孩子相对而言，对自己的要求低一些（此种现象并非绝对，坐在后面的同样有对自己严格要求的孩子）。而孩子给我说的这一席话，使我有一种感觉：在她自己还不能完全把握自己的时候，她选择把自己时刻置于老师的监督之下，这种要求本身就已经表明她把学习放在非常重要的位置上。

很多情况下，不能严格要求自己的孩子会选择坐在最后，或者墙角，这样就有机会避开老师的视线，和其他同学聊天、做小动作、左顾右盼等。

通过座位选择等表象，可以发现孩子的一些小问题，从而有针对性地予以解决。从平时的一些细微现象入手，放大孩子的优点予以激励，就会发现孩子会变得越来越像我们希望的那样！

手机真的会害了孩子吗?

手机的出现，是人类的一大发明。

手机给人们生活带来的便利，无可否认！

如果现在没有手机，人们的生活将难以想象，甚至寸步难行！

可是，手机带来的问题，也是几家欢喜几家愁。

学生使用手机，更是被很多家长和老师视为洪水猛兽。

手机对于孩子而言，真的那么可怕吗？

如果孩子出现了手机使用不当的问题，该如何解决呢？

手机问题，不必小题大做，不必畏若狮虎！

关键在于思想引导，关键在于措施保障，关键在于高位引领。

"如果你想害了孩子，请给孩子一部手机"，这是一段时间以来，微信朋友圈广泛流传的一个观点，而且引发了很多人的共鸣。

对此，我不以为然。

实话实说，在女儿艺卓成长的过程中，也曾经出现过手机使用不当的问题。但是，在对她进行正确引导和采取一系列跟进措施之后，手机非但没有毁了她，相反在一定程度上成就了她。

女儿上初一的时候，为了与老师同学沟通方便，也为了在学校云平台选课和查阅成绩，我们给她配备了手机。由于北京十一学校有相应的手机管理规定，刚开始，我们并没有对她做特别要求。直到有一天，她违规使用手机，结果手机被老师没收了。

孩子回家之后，我和她进行了严肃的谈话。我告诉她：

第一，你违反了手机管理规定导致手机被没收，实属"罪有应得"，我们坚决支持老师的没收行为。

第二，赋予你使用手机的权利，只是为你的交流和学习提供方便。如果你能正确合理地使用，你就会因此享受到很多便利。

但是，如果你违反了规矩，你将失去使用手机的自由，这会阻碍你的交流和学习！

第三，为了使你在享受便利的同时，不忘记自己的责任，我们必须制定手机使用的规范。

为了巩固谈话成果，在谈话之后，我们和孩子一起制定了手机使用规范，孩子的手机问题得到了较好的解决。现在，除了正常的沟通交流需要，她的手机用途逐渐转向了英语单词打卡、模拟试题解答、外语知识学习、学科题目训练等。

不可否认，有一些孩子不能正确合理地利用手机，甚至沉迷于手机游戏，给孩子的成长造成了破坏性的影响。但是，由此以偏概全，把所有的罪责都归咎于手机，并采取因噎废食的措施，显然是草率且不合理的。

现在的智能手机，不仅是人际交往的工具，更是学习的依托、获取信息的渠道。直接粗暴地剥夺孩子使用手机的权利，在消除弊端的同时，实际上也阻断了孩子学习知识、获取信息的途径。

为了帮助孩子管理和使用好手机，特向家长提出以下建议：

一是平和心态。

十二三岁的孩子，他的目标意识还不强、自控能力还不够，出现一些问题都是正常的。家长要以平常心看待这些成长中的问题，焦虑的心态和不理智的对待方式，都不利于问题的解决。只有在平和的心态下，才能理智地思考问题，促进问题的有效解决。

二是有章可循，也就是设置手机使用的规矩。

必须明确：这个规矩一定是家长和孩子共同商定的，而不是家长独断专行、擅自决定的。因为家长擅自制定的规矩往往得不到孩子的认可，自然也就无法使孩子发自内心地遵守。

规矩包括：在何时使用，在哪儿使用，使用时间多长，违反后（违反一次、三次、多次）如何惩罚……必须有明确、具体、可操作的措施做支撑。

三是"循章执法"，也就是执行规矩。

有了规矩，就要不折不扣地执行，任何一方不能自作主张更改。如果孩子没有违反规矩，家长就必须始终如一地遵守规矩。一旦孩子违反了，那就要照章办事，坚决执行。

四是高位引领。

在日常的教育中，必须引导孩子规划自己的未来，明确现在怎么做才能实现目标。核心之举是，让孩子在自己未来发展的大格局下看待当下手机的地位，在实现自己人生梦想的过程中，主动平衡好利用手机娱乐和利用手机学习的关系。在这样的高位引领下，才能解决手机使用问题。

五是走向自律。

家庭民主和谐的协商氛围、家长一以贯之的执行力度、常态化的目标引领、不间断的情感注入，必将使孩子不断规范自己的行为，养成自律的习惯。

做到了以上诸方面，孩子就能很好地管理手机，并让手机成为助力自己成长的工具。

培养孩子的自我管理能力

如果用以下标准评判您的孩子，您有信心吗？

不管老师在场还是不在场，他都能安排好自己的学习。

不管家长在家还是不在家，他都能安排好自己的生活。

在没有别人的要求时，他仍然能做好自己该做的事情。

在没有别人的督促时，他依然可以严于律己、兢兢业业。

……

总之一句话，无论何种场合，孩子都能做正确的事情！

孩子自我管理能力的培养，是家庭教育中极其重要的内容之一。

现在很多家庭出现了"职业家长"：一般情况下，妈妈不上班，专司孩子的家庭教育。

对于任何一种家庭生活模式，我都不便做更多评论。但是，有很多家长没有明确界定自己的角色，做了很多本该孩子去做的事情。其专职教育孩子的结果，可能是培养出了全能的家长，而孩子的能力却没有培养出来。

其中的能力之一，便是孩子的自我管理能力。

不仅有这样的家庭，类似的学校也比比皆是。

比如，现在很多学校禁止学生带手机入校，理由是防止学生玩手机游戏。乍一听来，这个举措似乎很有道理，但学校同时也失去了培养孩子自我管理能力的契机。

媒体有过不少类似的报道，被过于严格约束的孩子到了大学之后，由于失去了老师和学校的监督，加之自我管理能力没有形成，不少孩子玩游戏成瘾，不分白天黑夜地泡在网吧里，沉浸在手机游戏中，以至于考试挂科。不得已，学校只能做退学处理。

出现这样的结果，到底是大学的责任还是中学的责任？

说是大学的责任，似乎并不过分。因为大学的确没有尽到严格管理和监督的责任。

说是中学的责任，好像也有道理。因为孩子的自我管理能力本应从小培养，而中学期间没有培养出这种能力，到大学出事也是必然的。

　　因此，从这个角度来说，在大学出事，就把板子打在大学的屁股上，显然是有失公允的。说到底，大学背负了"压垮骆驼的最后一根稻草"的责任。

　　培养孩子的自我管理能力应该从小开始，多方协作，共同努力。每一级学校和每一个家长都有责任。在一定程度上，孩子从小到大的成长经历就是一个逐步培养自我管理能力的过程。

　　百度对"自我管理能力"的定义，是指受教育者按照社会目标，依靠主观能动性，有意识、有目的地对自己的思想、行为进行转化控制的能力。一个孩子能按照社会目标体现其主观能动性，能有意识、有目的地对自己的言行转化控制，绝非一日之功。此种能力的培养是极其重要的。

　　我们在培养女儿的自我管理能力方面，也有意识地做了功课。

　　小学高年级时，曾有一个暑假，我们让女儿设计自己的假期生活。从女儿的规划中我们发现：从刚开始的仅仅着眼于作业完成，到后期的体育锻炼；从刚开始的只限于洗锅洗碗，到后期的买菜做饭；从刚开始相对被动的阅读安排，到后期制订和实施完整的读书计划；从刚开始休息时只会玩手机，到后期全方位的休息娱乐安排；从起床睡觉时间的确定，到全天各个时间段的合理应用……女儿在跌跌撞撞中尝试着"小鬼当家"，在一次次失败中寻求着自我进步。

　　可喜的是，随着问题的出现，女儿的解决方案也随之产生。从不完善到完善，从片面到全面，从浮于表面到逐渐深入……在这个过程中，她的自我管理能力也得到了很好的发展。

　　在这个过程中，我感觉我们做得比较好的一点在于：我们的角色是督促者而非包办者。在女儿做得不好的时候，我们能沉住气，帮助她一起想办法，鼓励她，而不是指责她、批评她，更不是越俎代庖。正是这种督促和鼓励，使她逐渐脱离了我们的羽翼，开始独立地成长。

初二的时候，女儿提出，晚上要在图书馆上完晚自习之后再回家。对于女儿提出的这个要求，我们有些担心。因为我们发现，图书馆虽然环境很不错，但是，由于管理老师人手不够，监管相对薄弱，这就给不能很好地自我管理的孩子一个可乘之机：有些孩子会偷偷摸摸地在书包和书籍的遮挡下玩游戏，而监管老师很难觉察到。

现实中我们也发现，有些自我管理能力没有形成的孩子，常常就以去图书馆学习为借口，或玩游戏，或刷微信，或看无用的课外书。而这一切，老师难以察觉，家长无从知晓。

女儿到底是否会这样，我们心里也确实没底。

由于没有直接的证据证明她会是这样，因此，我们先答应了女儿的要求。当天晚上，在晚自习上了半小时后（这个时间段是学生玩手机的高发时间段），我带着摄像机，悄悄去了图书馆。在图书馆二层阅览室，我看到女儿低头好像在看书。为了不被女儿发现，同时为了进一步确认孩子到底在看手机还是看书，我把镜头拉近，发现她确实在看学科课本。与此同时，我也看到有的孩子在偷偷地看手机。

作为一个家长，我的心不再悬得那么高了。

为了进一步让自己放心，第二天晚自习时，我还是带着摄像机前往图书馆，看到的结果是女儿在认真写作业。后来还有一次偷偷地抽查，也都没有发现她有玩手机、看无用的书等问题，都是安静学习的状态。

在不同时间段的几次抽查，我们都发现她在认真学习，没有荒废时间，这让我悬着的心终于彻底放了下来，同时证明她的自我管理能力基本形成了。

自我管理能力的形成是一个孩子成熟的标志。帮助孩子成熟，是家长的职责。培养孩子的自我管理能力，需要家长的耐心。

对于家长而言，必须注意培养孩子的规则意识。

规则意识淡薄、不守规矩的孩子，其自我管理能力和自我控制能力相对来说不会太强。家长应从小注重培养孩子的规则意识，并逐渐引导孩子学会遵守规则，增强孩子的自我管理和约束能力。

对于家长而言，必须让孩子学会制订计划。

在孩子的生活和学习中，很多事情都有先后顺序和轻重缓急，如果要把这些事情安排得井井有条，就需要学会制订计划，学会自我规划。这也是衡量一个孩子的自我管理能力的重要标准。

对于家长而言，必须给予孩子足够的机会。

自我管理能力的培养，需要家长给孩子提供锻炼的机会。因此，不妨把周末或者小长假、寒暑假等当成一个契机，让孩子有机会考虑和安排空余时间，这是赋予孩子约责任。而孩子自己有了责任感，便能激发其能动性。

需要明确的是：培养孩子的自我管理能力并不是一蹴而就的事情，这是一个循序渐进、潜移默化的过程。在这个培养过程中，家长要做到：不着急，不埋怨，相信孩子，鼓励孩子。千万不要一着急就包办代替、越俎代庖。

只要有足够的耐心，有朝一日，无论何时何地，无论面对何人，我们都会看到这样的孩子：

老师在场还是不在场，都能安排好自己的学习。

家长在家还是不在家，都能安排好自己的生活。

在没有别人的要求时，仍然能做好自己该做的事情。

在没有别人的督促时，依然可以严于律己、兢兢业业。

······

这就意味着一个孩子自我管理能力的完全形成！

如何培养孩子的"目标力"

尽可能多地帮助孩子接触各种职业

如何使孩子的学习更有方向？如何使孩子的学习更加主动自觉？如何使孩子的活动更有目标？

兴趣是孩子学习的首要动力，而事情的重要性往往不是孩子学习的首要动力！因此，建议家长带孩子多了解一些职业信息，让孩子在了解的过程中找到自己的兴趣点，找到自己的发展方向，进而提升他对学习重要性的认识，激发他的学习主动性。

而且，根据目前部分地区高考推行的选科考试和中考推行的选科计分政策，让孩子提前了解各类职业，以及各类职业对相关科目的要求，以增强其选科的方向性，避免选科的盲目性，也显得更为紧迫和必要。

让孩子接触更多的职业，了解职业的要求，可以高位引领孩子的发展！

经常有家长这样向我诉苦：孩子对喜欢的东西就会非常痴迷，做得非常好；对不喜欢的东西，比如学习，就会马马虎虎、毫不用心。这可怎么办？

家长说得没错，对于孩子而言，学习的首要动力一定是兴趣，而非重要性。因为很多情况下，他还不能认识到学习的重要性，还没有办法将目前的学习和未来的发展联系起来。

那问题就来了，我们要怎样引导孩子痴迷于目前而言最重要的事情？

有一条渠道家长可以尝试：尽早让孩子了解各类职业，了解各种职业的要求，通过了解，让孩子确定自己的目标，从而提升自己的学习兴趣。

北京十一学校有一门课程，叫"职业考察"。这个课程是带着学生走进各行各业，通过专家的讲座、专家与学生的互动交流和参观工作环境，让学生了解各个职业的工作状态、工作要求、发展趋势、就业前景以及该职业主要对应的目标大学和专业、从事该职业应具备的相关基本能力等，从而让学生逐渐确立自己的发展目标，激发学习积极性。

可以说，这门课程对于学生而言，是认识社会、了解职业需求、确定职业理想的较好渠道，是增强做事针对性和激发核心内驱力的很好的课程。

作为该课程曾经的负责人，我多次带着女儿参加活动，先后去过中国国际广播电台、中央军委政治工作部话剧团、中央电视台、人民日报社、银河证券公司等单位，进行过职业考察。

在考察的过程中，专家会告诉孩子们：将来从事这个工作需要掌握哪些基础知识（在学校内的学习成绩要达到什么水平），需要掌握哪些专业知识（需要考上哪些大学，上哪些专业，难度有多大等），需要掌握哪些基本能力（总结概括的能力、与人沟通的能力、组织协调的能力等）。

在职业考察过程中，女儿都会踊跃提问，了解这些职业的情况：从工作时间、工作内容到能力要求，从职业发展空间到工资待遇……

事实上，很多孩子参加这个课程后，或开始寻找和思考自己的职业发展方向，或进一步确定自己的职业发展方向，或调整自己的职业发展方向……不管哪一种，对于孩子而言，都是宝贵的收获。

孩子的职业发展方向一旦确立，他在学校的学习行为就有了主动性、自觉性、目标性和方向性，他从此会明白哪些知识要重点学好，哪些能力必须通过什么样的活动培养出来。也就是说，他的学习和活动将不再是盲目的，不再是被动的，不再是消极的。

所以，进行职业考察，让学生了解各种职业，此类课程对于孩子确立职业理想和学习目标，可以提供奠基性和方向性支撑！

如果一个孩子从初一就明确了自己的职业发展方向，通过中学6年、大学4年的努力，十年磨一剑，他的未来发展和同龄人相比，将会怎样？

答案不言而喻。

而一旦明确了方向，他学习的兴趣和积极性，也将不言而喻！

而且，根据目前部分地区高考推行的选科考试和中考推行的选科计分政策，让孩子提前了解各类职业，了解各类职业对相关科目的要求，以增强其选科的方向性，避免选科的盲目性，就显得更为紧迫和必要！

因此，建议有条件的家长能多带着孩子了解一些职业，让孩子在了解中找到自己的兴趣点，找到自己的发展方向，进而提升他对学习重要性的认识，激发他的学习主动性，增强他中高考选科的明确性，全面而有力地助推孩子的成长！

理想对孩子成长的引领作用

你的孩子有理想吗？你如何看待孩子的理想？你干预孩子的理想了吗？

理想对于孩子的成长意味着什么？

围绕孩子的理想，家长可以指导孩子做什么？

一个孩子一旦确定了自己的理想，并由此追逐自己的理想，就意味着孩子快速成长的开始！

在长期的教育工作中，我曾经和很多学习成绩不太好的学生有过交流，发现这些孩子共同的特点之一，就是没有理想，对自己的未来没什么考虑。这样的孩子中，少数能完成老师布置的作业，且仅满足于此。大多数孩子基本上处于应付老师、应付家长的状态。这些孩子一切听从家长和老师的安排，他们让干啥就干啥，自己没有任何想法，基本处于被动的学习状态。

由于对这些情况有一定了解，因此在女儿上小学的时候，我们就特别注重在这方面对她进行引导。

那时候，我们一家经常在一起看电视，尤其文化类的节目，更是我们全家共同关注的焦点。在耳濡目染了很多央视主持人精彩的表现之后，女儿也有了当央视主持人的想法。客观地说，以她的条件，实现这个理想的可能性很小。但是，我们还是坚定地认为，能否实现这个理想不重要，重要的是她有没有理想。

既然想当主持人，那我们就一起查阅央视主持人的经历，查查当央视主持人应该具备哪些条件和素质。查完后发现，当一个央视主持人谈何容易。于是，她就从多方面严格要求自己：朗诵是最基本的要求，那就用功学朗诵（小学时，她对每一篇课文都寻找感觉，绘声绘色地大声朗诵）……其次是广博的知识储备，那就专心广读书（靠海量阅读进行丰厚的积累）……

在工作的过程中，我也发现过很多类似的教育案例。一个来自山西的学生的故事让我今生难忘：

这个孩子是初二第一学期开学时进入我班学习的。刚入学时，我询问了一下他在原来学校的学习成绩。据他说，在年级1000多人中，他排在100多名。当时我不了解那个学校的整体情况，所以不知道他到了这里到底处于什么水平。

但是，在学校里，我发现他经常在午休时间去找外教聊天。有一天我问他：你每天和外教聊什么呀？他说，老师，我想从清华大学毕业之后去美国留学，但是我们原来的学校没有外教，我的口语一直不好，所以，现在我想通过和外教聊天来练习口语。

我听了之后大吃一惊。他每天中午和外教聊天是为到美国留学做准备！

当时我还将信将疑，心里也在想，你能不能考上清华大学还难说呢，就想到美国留学，是不是有些自不量力了？

说实话，我当时感觉这个孩子有些不知天高地厚，有些好高骛远。但是作为教师，我不能打击这个孩子，毕竟这是他的理想，虽然也许是不切实际的理想。于是，我还是鼓励了他。我说，很好，继续努力！但是实际上内心并没有当回事。

让我万万没有想到的是，期中考试成绩出来之后，真的让我大吃一惊！在全年级20个班（当时有行政班）的900多个同学中，他考了第一名。我彻底信服了！

我静下心来思考，这个孩子说出的话是经过大脑的，不是信口开河。一直到最后中考的时候，他每次考试都能保持在年级前几名。最后他如愿以偿地考上了清华大学，后来到了美国留学。

从他身上，我又一次确认：目标和理想很重要，目标和理想的确能引领一个孩子当下的学习行为。

还有一个孩子的故事，进一步强化了我对理想的引领作用的认识。

曾有一年，我教授初二的思想品德课程。在学习到"职业规划"内容时，有个孩子上交了他的作业。作业内容摘录如下：

未来从事的职业：成为一名喷气式飞机发动机和曲速引擎设计师。

要重点学好的科目：数学、物理、流体动力学、燃料化学、英语、图纸绘制、量子物理学。

自己未来的阶段性目标：

15岁，进入国际部；

18岁，考入美国麻省理工学院；

25岁，留美进入洛克希德·马丁公司，参加喷气式飞机发动机设计；

30岁，转入美国国家航空航天局，参加曲速引擎的发明以及十锂的提炼和能量转换；

40岁，回国进行发动机综合技术瓶颈的突破，进行曲速引擎的开发和制造。

这个孩子看起来貌不惊人，却蕴藏着巨大的"野心"。他对自己未来的规划，不是仅仅停留在"我要当科学家""我要当诗人"等浅层次，而是有了较为深刻的思考和设计。他对相关专业的了解和熟悉程度已经大大超越了很多高中生甚至大学生。他已经为自己的腾飞装了一台发动机。

北京十一学校李希贵校长曾经说过，一个孩子发展得怎么样，关键在于这个孩子有没有理想。一个孩子对自己的未来规划得越清晰、越具体，他在学校的学习行为就越有方向性、越有针对性，就会摆脱"无所事事""走一步看一步"的状态。

所以说，一个孩子如果有了目标、有了理想，他就不会成为只顾低头拉车而不抬头看路的人；有了目标、有了理想，他就不会盲目地往前走，就增强了他做事的主动性和自觉性。孩子的学习变得主动、自觉了之后，自然就能减少无所事事的状态。

前面说到的和女儿一起看电视，是帮助她树立理想的方式之一。实际上，现在很多学校开设的职业考察、职业体验等职业规划课程，就可以很好地帮助孩子了解各种职业，找到孩子的兴趣所在，逐渐帮孩子树立职业理想。遗憾的是，很多家长并没有意识到了解职业的重要性，甚至认为这种职业考察和职业体验是浪费时间。很多孩子也没有意识到它的重要性，仅仅把它作为获取学分的一个手段。如果学校没有类似的课程，家长也可以在了解孩子兴趣爱好的基础上联系相关单位，让孩子做一定程度的了解，以明确孩子的努力方向，从而引导孩子的学习行为。

2013 年 9 月，女儿在教职工子女表彰会上的发言中有这样一段话：我的梦想是当一名主持人，也许在座的同学会认为我的梦想根本不可能实现。但是，我想说的是，只要努力，就有实现的可能；只要努力，就会一步步向梦想靠近；只要努力，即使当不了主持人，我努力的过程也是我人生的一笔财富！

可以肯定，女儿即使将来不能成为主持人，但在这个目标引领之下奋斗的过程，必将为她的成功积累丰厚的资本！

希望与家长达成这样的共识：帮助孩子树立理想，是成就孩子未来发展的前提。

如何培养孩子的精进力

智慧地引导孩子向优秀的同学学习

在教育教学过程中，我们常发现一类同学，他们对于优秀的同学不屑一顾，把优秀同学的出色表现看成偶然，甚至斥之为"书呆子"。

由于他们无法正确看待优秀同学的优点，他们的内心抗拒这些优秀同学，也就失去了向优秀同学学习的机会……

如何引导孩子客观看待优秀同学背后的付出？

如何教育孩子向优秀的同学学习？

如何激发孩子将自己也变得更加优秀？

……

不知道家长是否注意过：自己的孩子羡慕和崇拜优秀的同学吗？羡慕和崇拜之后有追赶优秀同学的具体行动吗？

一个孩子羡慕和崇拜优秀同学，并有追赶优秀同学的具体行动，对于培养一个积极向上的孩子至关重要。

还是从女儿的故事讲起：

2013 年 8 月，央视播出第一届"中国汉字听写大会"的比赛，我们一家每天准时收看比赛实况。在收看的时候，我和爱人看似无意实则有意地表现出对选手精彩表现的称赞。看着比赛选手的出色展示，听着我和爱人有意无意的对话，女儿也慢慢地心动了。于是，我和她之间有了这样的对话：

"爸爸，我也想参加这个比赛！"

"是吗？"

"是的！可是我怎么才能参加呀？"

"参加这个比赛的都是初二的同学，你现在是初一，无法参加比赛，等你上了初二，就有机会参加了！"

"我到了初二就能上央视参加比赛吗？"

"那不一定，这些选手是每个省级行政区经过初赛、复赛、淘汰赛等选拔出来的，不是谁想去央视比赛就能去的！"

"那我怎么才能去呢？"

"初二的时候，如果你能通过海淀区的选拔，就可以进入北京市的选拔。如果在北京市的选拔中还能胜出的话，就可以代表北京市参加在央视的全国比赛了！"

"哦，这样呀！"

女儿若有所思，默默地点了点头。

此后，我们能明显地感觉到，女儿开始有意识地加强了对各类汉字和名词的书写和记忆。

进入初二，北京十一学校初二年级的学生参加"中国汉字听写大会"校内的选拔，孩子如愿以偿进入了六人的大名单中。紧接着参加海淀区的选拔，北京十一学校代表队名列团体总分第一名，女儿也取得了个人总分第二名的好成绩。

在海淀区的选拔中，还有个有趣的小插曲：

有一个词语有两种写法，北京十一学校的一个同学写出了其中一种，被裁判误判为错。女儿当即向裁判提出，说这个词有两种写法，写哪一种都可以，当时没有得到裁判的认可。后来裁判经过查证，认定女儿的说法是正确的，对女儿进行了表扬。

在准备参加北京市的团体选拔时，女儿进行了更加认真的准备，她在一周的时间内翻完了第六版《现代汉语词典》（当时最新版），并积累了很多化工名词、地理名词、医学名词等专业名词（因为"中国汉字听写大会"上要考的汉语字词范围非常广泛，各行各业的专业名词均有涉及），甚至学习了很多佛教用语。有时她晚上要准备到两三点，在我们的一再督促下，她才肯休息。等我们休息后，她又悄悄起床，继续学习积累。

功夫不负有心人。在北京市的选拔中，北京十一学校取得了团体第二名的好成绩。

比较遗憾的是，按照赛制要求，只有团体第一名的学校才可以代表北京市参加全国比赛。

比赛回来之后，女儿有点儿闷闷不乐。她给我说，她认为这个比赛不公平。应该挑选每个代表队中最优秀的选手组成代表队，代表北京队参加全国比赛。

我告诉她，赛制就是这样规定的，我们只能遵守这个规定。不过，你的表现已经非常棒了！你通过参加这次比赛，已经收获了很多，能不能上央视已经不重要了。

带着些许遗憾，我们一家观看了 2014 年的第二届"中国汉字听写大会"。在比赛中，有很多词语我和爱人都没怎么听过（我自以为也是认识不少汉字的人），可是女儿却能准确地书写出来，她甚至告诉我们，某一个词出现在《红楼梦》的某个章节某个情节中，某一个词出现在《论语》的某一段中，并随口背出了那一段……我和爱人对女儿都有点儿小崇拜了。

比赛已经过去了四年，但是很多思考至今还在。

一般情况下，如果一个孩子对优秀的同学没有羡慕的感觉，认为别人的优秀和自己没有关系，那这个孩子就会缺乏进步的动力。所以，在家庭教育中，通过特定情景，引导孩子对优秀的同学产生一种羡慕和崇拜感，并不断地激励孩子采取扎扎实实的具体行动，对于培养一个积极向上的孩子至关重要。

当然，不仅仅是比赛，优秀的同学哪里都有。家长都可以以孩子可接受的方式期待和激励孩子，去追求优秀、学习榜样，并持续督促和帮助孩子，孩子也会越来越优秀。

有句话说得很好："把优秀作为一种习惯。"帮助孩子实现它，家长需要做的工作还有很多、很多。

柔性作业更易拉开孩子间的成绩差距

你的孩子对于必做的作业（刚性作业）完成情况如何？

你的孩子对于选做的作业（柔性作业）完成情况如何？

你是如何看待以上两种作业的重要性的？

你对于孩子以上两种作业的完成情况，采取的是什么态度？

　　仅仅有刚性作业的话，孩子之间不容易拉开差距；只有搭配"可做可不做"的柔性作业，才能拉开做的孩子与不做的孩子之间的成绩差距。

　　何况，这种差距，还不仅仅是成绩上的……

　　女儿上初一时的那个寒假，英语老师留了一个选做性质的寒假作业：参加一次北京的庙会，用英文介绍这次庙会。

　　在长时间的教育过程中，我们发现，很多孩子对老师所留的必做作业（我称之为刚性作业），往往会比较认真地完成；而对于老师所留的选做作业（我称之为柔性作业），却往往应付差事，或者根本不做。对待这两类作业，为何孩子会采取不同的态度？原因很简单：老师对刚性作业要检查批阅，而对柔性作业则不做硬性要求。即使有的孩子想做柔性作业，也会采取短平快的策略，在网上搜集几张庙会的图片，然后把网上关于庙会的文章复制粘贴过来，将图片文字一合成，这个作业就算完成了。

　　而采取这样的方式完成的作业，其收获是什么呢？除了一无所获，恐怕再也想不出什么了。

　　采取这样的方式完成作业，损失倒是有，那就是耽误了时间，虽然也许耽误的时间很少。

　　女儿刚开始也不想那么高质量地完成。因为要认真去完成的话，至少要花一天甚至两天的时间。而通过网上复制粘贴的方式，只花半个小时就可完成。因此，从"效率"上来讲，"认真完成"似乎并不划算。但是，我们并不让她以复制粘贴的方式去完成。

　　2013年2月12日，正月初三，我们带齐了所有的摄录设备，专门抽出时间去参加了北京国际雕塑公园的庙会，按照老师的要求，让女儿去观察、了解和体验庙会，并将过程记录下来。

回来之后，女儿开始进行英文的书写，然后修改、朗读，最后由我将这些材料编辑合成。这就形成了女儿最后声像一体的视频作业。

很多时候，老师会留这样的柔性作业：前期预习，知识复习，阅读某些著作，学写某类作文，参观一次展览等。很多柔性作业由于无法检查，或者老师时间有限，不能一一检查，有的孩子就应付差事或干脆视而不见。

当然，有的孩子对柔性作业的重要性也认识不足，认为既然是选做，那就没有多大的意义。而实际上，柔性作业对于自己学习成绩的提高和综合能力的培养，作用不可小觑。

阅读类的柔性作业，有助于知识的积累和素养的提升；

写作类的柔性作业，有助于写作的锻炼和文笔的熟练；

参观类的柔性作业，有助于学会多角度观察，强化对知识的理解和认识；

预习类的柔性作业，有助于把握听讲的重点难点疑点，增强听讲的针对性；

复习类的柔性作业，有助于进一步熟悉知识的生成过程，加深对定理、公式和观点等的理解和记忆；

……

客观地说，柔性作业是孩子之间拉开差距的弯道，长久坚持，将有意想不到的收获。

如何培养孩子的内驱力

看电视会影响孩子的学习吗？

听说，自从孩子上了学，有的家长就把家里的电视装箱锁起来了，把网络全部掐断了，宛若进入"原始社会"状态……

原因是什么？无非就是怕孩子看电视耽误学习，或者沉迷于网络。

孩子看电视真的会影响学习吗？

难道只有将电视锁起来这种做法吗？

如何才能将看电视化弊为利，与孩子的成长有机结合？

当我们进行思考的时候，可能我们的办法也就随之产生了！

2014 年暑假，女儿艺亘马上要上初三了，她在开学前十多天写完了初二的作业，开始进行课外阅读。为了劳逸结合，中午的时间，她开始了连续数天的"追剧模式"！

对于孩子看电视剧，如果不很痴迷，我们一般不予反对。

大约一周的时间，孩子终于看完了电视连续剧《萌学园》。我以为这也就是她一次普通的消遣，没有想到，她看完之后，郑重其事地和我进行了这样的对话。

"爸爸，我感觉这部电视剧的结尾不太好。"

"好不好就是这样的结尾，你说它不好，是想干什么呢？"

"我想为这部电视剧重新写一下结尾。"

"重写结尾？"

"是的，反正离开学还有一周多的时间，这些日子我就可以把结尾写出来。"

"那好吧，那你写吧！"

我以为这就是孩子平常的一句玩笑话。因为很多人看电视剧，只是把它当作一种休闲方式，剧情的好坏与自己没有多大关系，至多就是茶余饭后的谈资。

可让我意想不到的是：孩子说的竟然是真的！

在接下来一周多的时间内，孩子开始为《萌学园》写结尾，上午写，下午写，有时候甚至能写到凌晨三四点。好几天晚上，在我们的一再催促下，孩子才肯上床睡觉。大约一周的时间，孩子写完了好几个厚厚的笔记本。粗略算了一下，已经写了六七万字。这个数字让我瞠目结舌！

在平时教育孩子的过程中，我们告诉她：在你生活的这个时代，你面对的信息很多，这就需要你选择有价值的信息去了解。如果将选择的信息与自己的学习、成长对接起来，你的选择（即便是娱乐）就不是浪费时间，而是具有更深远的意义。

孩子当初的似懂非懂，我当初的无意之举，如今产生了意义！

我们经常听别人说，看电视会毁了一个孩子；我们也经常听媒体讲，孩子看电视会导致各种不良后果，以至于彻底毁了孩子的前程。可是，这次发生在我眼前的事实，让我觉得有必要重新审视电视的作用，甚至为电视"平反昭雪"。

仔细想来，电视真的没有那么可怕。

如果一个孩子在看电视的过程中有思考，在思考之后有进一步向上的行动，那么电视就起到了积极的作用。

电视对孩子的学习造成影响了吗？至少从这个例子可以看出，非但没有影响，反而对学习有了正向的促进。

相反，如果要求孩子一天到晚只是盯着课本，那他将可能无法应对丰富多彩的大千世界，他的人生发展也将极大受限。

如果一个孩子将自己的休闲娱乐与自己的成长进行了有效的对接，这样的休闲娱乐，其价值就不可低估。

通过正确引导，让孩子平衡好学习与娱乐的关系，将娱乐与学习进行有效的对接，那就意味着 孩子的一生都在学习。

因此，应该引导孩子进行思考，有所行动。不必深闭固拒，更不可简单地一禁了之！

由喜欢韩剧到学习韩语

身在地球村，很多孩子都喜欢不同国家的文化，这是不可阻挡的时代洪流。

我们如何看待孩子喜欢他国文化？

是不是"哈韩"族的发展一定会令我们担忧？是不是"哈日"族的前途一定会让我们失望？

......

面对新一代受到多元文化冲击的现状，家长充满了无限的担忧！

既无法理解，又无法阻拦——我们和孩子之间在文化认知上出现了代沟。

面对这一切，我们无法回避。

面对这一切，我们只有主动作为！

和很多孩子一样，女儿艺卓也是一个喜欢韩国文化的孩子，属于典型的"哈韩"一族。

刚上初中的时候，孩子很喜欢韩国的电视剧和综艺节目。由于有中文字幕，孩子基本上可以了解里面的内容。后来，她逐渐感觉到，好像有的剧和节目画面上的内容与字幕不太相符，并且这种感觉越来越强烈。

终于有一天，她和我之间有了这样的对话：

"爸爸，我怎么感觉那些中文字幕有点儿不对呢？"

"你怎么知道不对呢？"

"我感觉画面上表达的不是那个意思。"

"你也仅仅是感觉！"

看着孩子无言以对，我趁热打铁："如果你想做出正确判断的话，不妨学一学韩语。"

孩子没说话，轻轻点了点头。

很快，孩子下载了韩语学习软件，在每天完成学校的学习任务之后，开始自学韩语。

需要重点一提的是，女儿在自学韩语的过程中，偶尔会向我们秀几句韩语。这时候，我们亦显露出夸张的表情，说她有极佳的语言天赋，对她大加褒扬。

孩子越学越来劲儿，很快，她就有了一定的韩语基础。为了锻炼自己的韩语表达能力，她通过北京十一学校的排球活动交到了几位韩国留学生朋友，在交流中，她的韩语表达能力进一步提高。

有一个与此相关的故事，很有意思。

有一个学年，她和几位韩国留学生被分在了一个体育教学班。有一次，老师对她们进行仰卧起坐的测试，让女儿登记成绩。几位韩国留学生在给女儿报成绩的时候，习惯性地使用了韩语，女儿听到后就做了登记。女儿刚登记完，几位韩国留学生一下子回过神来，吃惊地用韩语大叫："她听懂了！她居然听懂了！"女儿也微笑着用韩语回应："是的，我听懂了，我听懂了。"从此之后，她们成了好朋友。

现在，孩子仍然喜欢看韩国电视剧和综艺节目。与之前不同的是，孩子不再看有中文字幕的电视剧和综艺节目，而是改看原版。同时，她也经常把中韩的电视剧和综艺节目进行对比，总结各自的优缺点。

这个时候的她，观看韩语电视剧和综艺节目，已经不仅仅是茶余饭后的消遣方式，更是对外来文化的鉴赏。

在如此发达的"地球村"，各种信息都在不可避免地冲击着每个孩子，采取回避的态度，几乎是不可能的。这个时候，家长需要思考的是：

第一，如何让兴趣爱好与成长有效对接。不能野蛮地压制孩子，让孩子绝对服从自己。让兴趣与成长进行有效对接，或许就为孩子的发展打开了另外一条通道。而在一味压制下成长起来的孩子，是没有自己的思想的，更谈不上有好的发展。

第二，作为家长，应该深入了解孩子兴趣爱好中的积极成分，合理地、积极地引导。在隐性的教育方式下，产生显性的教育效果。

第三，在孩子转变的过程中，对孩子出现的一些积极的苗头要给予积极的回应。表扬可放大，鼓励要及时。

每个孩子都是一支潜力股，考验的是家长的眼睛、家长的大脑。

总之，家长的智慧至关重要。

职业体验对孩子成长的意义

参加职业体验活动，会耽误孩子的学习吗？

职业体验活动对孩子的成长有意义吗？

通过职业体验活动，孩子获得的仅仅是学分吗？

如何设计孩子的职业体验活动？

……

关于孩子职业体验活动的意义，对家长而言，仁者见仁，智者见智！

如果我们真的用心思考，可能观念会发生一些变化。

北京十一学校的初一新生在接到学校的录取通知书后，会陆续收到学校给他们布置的一些作业。其中之一便是让学生利用假期时间，自己联系单位，参加一次社会职业体验活动。开学后，学校根据单位对学生在体验活动中的表现的评价，给予学生一定的学分。

2012 年 7 月，初入北京十一学校初一的女儿艺卓也同样接到了这样的作业。当时有别的家长提出，可以帮助女儿艺卓到自己单位相关部门盖个章，然后让负责人给个虚假的评价，签个字，这样就省得孩子自己去找单位参加社会职业体验了，就可以腾出更多的时间去学习文化课。

"好心"家长的这一"好心"建议，被我拒绝了！

从来没有接触过这种作业的女儿艺卓有点儿犯愁了。她该怎么办呢？于是，我和孩子之间，就有了以下的对话：

"爸爸，这个作业怎么做？您能帮我吗？"

"我可以帮助你，但是仅限于给你提一些建议。"

"那我到哪儿去进行职业体验呢？"

"你可以就近去超市做理货员，可以去小区和保洁工一起做保洁工作，也可以去公交车站做志愿者，引导乘客有秩序地上车……"

"我还是选择去超市吧！那我怎么联系呢？"

"到了超市之后，和超市工作人员说明你想干什么，然后按照他们的要求做就行了。"

"我一个人不敢去呀！"

"你可以联系新同学一起去。"

"新同学我一个也不认识，也没有他们的联系方式呀！"

"联系你自己的老师，向老师要同学的联系方式，然后你联系同学一起去！"

孩子很快和老师取得了联系，并要到了5位同学的联系方式。于是，孩子尝试着和这些同学取得联系，经过联系，很快得到了这些同学的回应。其中一个同学和她沟通很顺畅，于是她和这个同学约好当天下午在海淀区玉泉路地铁口见面，一起到超市联系职业体验的事情。

下午两点左右，孩子如约去见同学。我也在忐忑之中度过了一个下午。晚上五六点的样子，孩子很高兴地回来了，给我讲述了下午发生的故事——

到玉泉路地铁口见到同学后，两个孩子一起去了超市。经过激烈的思想斗争，女儿怀着忐忑不安的心情，怯生生地到了服务台，说明了自己的来意。服务台工作人员告诉她们，可以去超市三层，找相关负责人具体沟通。

于是，她们就一起到了三层，找到了负责人，说明了进行职业体验的想法。负责人了解了她们参加活动的目的、人数，并提了一些要求。然后告诉她们，第二天早上8点在超市门口集中，听候超市负责人的具体工作安排。

孩子给我说完之后，就马上开始给其他5位同学打电话，告诉她们第二天7:50前到超市门口集合，并说了一些其他具体要求，比如，第二天中午午饭自理，需要自备费用等。

孩子很高兴，晚上早早地准备入睡。入睡前，我告诉她："明天你在体验的过程中，要了解这几个问题：一是他们每天中午休息吗？二是每天中午他们怎么解决吃饭问题，吃饭大概花多少钱？三是他们每月的工资大约是多少钱？"

孩子在懵懵懂懂中点了点头，满脸疑惑地上床睡觉了。

第二天早晨7点多，孩子自己带着公交卡去超市了……

晚上6点多，孩子回来了！

在一起吃饭的过程中，孩子给我讲述了她们当天职业体验的经过——

8点的时候，她们一起接受装袋、理货、收拾购物筐和购物车的技能和工作要求培训，然后帮助超市工作人员一起理货，准备迎接顾客。

9点，超市正式开门，她们遵照超市工作人员的要求，两人一组，按照各自的分工，正式进入工作状态。

在我的追问下，孩子回答了我昨天提出的几个问题：

一是超市的叔叔阿姨中午都不休息，因为他们没有固定的休息场所。

二是他们每天中午就到外边小摊上买点儿吃的，花费也就三四元，有的甚至更少。

三是工资很低，刚入职的收银员、理货员的工资只有1000多元。

孩子回答完我的问题后，郑重其事地告诉我：

"爸爸，我发现了一个很不公平的事情！"

"什么不公平的事情呀？"

"超市的叔叔阿姨每天早上8点多就要上班，晚上要到9点多才下班，他们一天工作的时间比你长，也比你更加辛苦，为什么他们的工资比你的工资还低？"

"因为超市的叔叔阿姨从事的工作，相对而言是比较简单的、重复性的、创造性不多的工作。如果某一项工作不需要太多技能，几乎每个人都可以做的话，这项工作虽然辛苦，可能工资也不会很高；相反，如果某一项工作需要更高的技能，能做的人不太多，工资就会高一些。如果一项工作需要特别高的技能，只有极少数人能做，那工资就会很高！"

孩子听了，似乎懂得了什么。

沉默了一会儿，孩子对我说："我原来以为超市的叔叔阿姨工资很高，也想将来在超市工作呢，现在看来，这个工资我自己都养活不了自己，我怎么养你们呢？"

"每个依靠自己的辛勤劳动养家糊口的人，都是很光荣的！超市的叔叔阿姨也是一样。他们凭借自己的付出获得报酬，值得我们尊重！但是，如果你想获得更高的收入，使自己将来的生活过得更好一些，你还需要掌握更多的知识和技能，将来从事需要更多创造力的工作！"

孩子听了之后，点了点头……

在后来孩子的中学生活中，能明显地发现，孩子学习的主动性逐渐增强了，积极性逐渐提高了。

我们很多家长心中有教育孩子的美好理想，但是，在实际教育孩子的过程中，却起不了作用。

本应让孩子通过某一项活动提升思想认识，但是，家长却无情地剥夺了孩子成长的机会。

本该通过这样的活动激发孩子学习的内驱力，却因为机会被剥夺，孩子不知道学习对自己意味着什么，因此，孩子学习始终处于被动执行的状态。

被动学习和主动学习的结果，其差距可想而知。

我特别想说明的是，这样的活动，与其造假，不如不做。家长通过朋友给孩子盖个章、签个字，孩子学分是得到了，但是，需要我们思考的是——孩子在这样的情况下，学会的是什么？

除了学会弄虚作假、投机取巧，其他一无所获。

这样的学分，宁可不要。

希望每一个家长在孩子逐渐长大的过程中，给予他们更多锻炼的机会。通过锻炼，让他们的思想充盈起来，让他们的责任意识树立起来，把他们的学习积极性、主动性培养起来。

　　这样，我们家长就不会那么忙碌，不会那么焦虑，只需静静地等待着花儿的绽放！

如何培养孩子的"逞强力"

家庭教育中家长适当示弱的意义

在教育孩子的过程中，你是一个勇于"逞强"的家长，还是一个善于"示弱"的家长？

你考虑过吗？家长勇于"逞强"，对孩子的成长会产生什么影响？家长善于"示弱"，对孩子的成长意味着什么？

"逞强"未必是英雄，"示弱"可能是智慧！

与其教育孩子时居高临下，暴跳如雷，不如放低身段，适当示弱，给孩子一些自信，给孩子一个成长的机会！

平常在和家长的交流中，我们经常听到有家长这样说：

"我和他爸爸当初在读书的时候都是学霸，他在学习上怎么就不开窍呢？"

"我是某某大学的硕士生，他爸爸更是某某大学的博士生，按照遗传，孩子也不该是现在这个样子呀！"

"我上学的时候，啥事情都能做得特别好，为啥他现在一点儿也没有显示出我的基因，做事都那么不靠谱呀？"

……

我能料想到，这些家长在教育孩子的时候，一直以一种无比强势、高不可攀的姿态矗立在孩子面前。殊不知，这种姿态的存在，往往会给孩子一种居高临下的压迫感，让孩子产生一种不如别人的自卑感。

在家长的这种一再否定之下，孩子遇到问题就会退却，遇到困难就会畏惧，对自己越来越失去自信心。

每个孩子都是独立的个体，家长本身的优秀和孩子的现状之间没有必然的因果关系。任何一个孩子的优秀几乎都是后天习得的结果，与父母的遗传因子之间的关联度很小。

如果绝对相信先天遗传的作用，而忽视后天正确的教育，那孩子的发展绝对会让很多家长以为发生了"变异"！

女儿小学时期的表现虽然不错，但她绝对不是那种出类拔萃的"学霸"类型。她一度怀疑自己，不太自信。针对这种情况，我们在教育孩子时，有意识地在孩子面前扮演了弱者的角色。这种适当示弱的做法，却造就了一个不断"逞强"的孩子！

比如，我告诉女儿：你的生活能力比妈妈强，所以很多情况下需要你照顾妈妈。在我的激励下，女儿不断地用事实证明她的生活能力比妈妈强：只要和妈妈一起外出，60%以上的行李都是由她拿着，一路上的行李安全问题都是她负责，并不停地叮嘱妈妈要注意安全问题。此外，她还学会了做饭，学会了洗衣服……现在我们全家外出，找旅馆、吃饭、乘机、坐车……所有的行程，孩子都会安排好！

再如，我告诉女儿：你的语言天赋比爸爸高，所以需要你多教爸爸。在我的激励下，为了旅行的需要，女儿自学了泰语，并不厌其烦地教给我；为了了解韩国文化，女儿自学了韩语，并经常给我讲解韩语节目的内容。

现在，她能熟练地说韩语，能用泰语交流，都是我们适当"示弱"的结果！

又如，在外需要和别人交流的场合，我就告诉女儿：爸爸的普通话没有你的好，我和别人交流时，可能别人听不懂，最好你去交流吧。她就会满怀信心地去完成。

在家庭教育中，家长的适当示弱，对教育孩子具有一定的积极意义！

家长的适当示弱，有助于培养孩子的责任意识。

妈妈在生活方面表现出的一点儿欠缺使女儿意识到，妈妈的生活能力较弱，所以，照顾妈妈是她的责任。久而久之，照顾妈妈逐渐成为孩子的一种习惯。

与不断"逞强"相比，家长适当示弱，更容易催生孩子的责任意识，培养出孩子勇于担当的品格。

家长的适当示弱，有助于激发孩子敢于尝试的勇气。

因为家长比自己"弱"，孩子更想通过尝试和努力显示出自己的"强"，而这种"争强好胜"的心理，更能增强"我能行"的意识，更能激发孩子在遇到困难时勇于尝试的勇气。

家长的适当示弱，有助于培养孩子解决问题的能力。

孩子要显示自己比家长"强"，就会想尽一切办法，努力争取做得比家长更好。这个过程会不断地培养孩子解决问题的能力。

因此，与其教育孩子时居高临下，暴跳如雷，不如放低身段，适当示弱，给孩子一些自信，给孩子一个成长的机会。

换一种教育的方式，有时候效果会超出我们的想象！

旅游仅仅是一次游玩吗？

旅游，对于很多人来讲，就是长时间繁忙工作或学习之余的一种消遣和放松。

但是，旅游真的仅仅是一次游玩吗？

这个问题几乎不用考虑：旅游不是为了游玩又是为了什么？

但是，仔细想一想，除了游玩，还能做些什么呢？

当我们开始这样思考的时候，会发现原来这个问题的答案远没有那么简单！

真的，在游玩之余，家长还有很多事情可做！

现在每个寒暑假，都会有很多家长带着孩子，或在国内畅游，或去境外旅行，或饱览名山大川，或游历古代遗迹，或品味人文风情。

这些有益的活动，对于增进家庭感情、融洽家庭关系，对于孩子开阔眼界、增长知识，的确起到了积极的作用。可是，家长可能很少想过，外出旅游实际上也是很好的培养和锻炼孩子的机会。

还是从我们一家的一次境外旅游说起。2016 年寒假到来之前，我们一家商量决定：利用寒假的时间，去泰国旅游。

听到这个消息，女儿欣喜若狂。

为了使这次旅游能满足我们个性化的旅行需求，同时锻炼孩子的能力，我们征求了女儿的意见，问她在这次旅游中有些什么想法和建议。女儿很快给出了她的建议：为了旅行交流的便利，可以学一些简单的泰语，并自告奋勇做我们的翻译。

女儿的建议既在我们的意料之内，也在我们的意料之外。说在意料之内，是因为我感觉女儿有一点儿语言天赋；说在意料之外，是因为仅仅为一次旅游而学一门语言，似乎有点儿小题大做。但是，既然女儿提出了这样一个不算好也不算坏的建议（当时认为是这样），不妨我们就一起执行吧。

我们告诉女儿：在学习语言方面，爸爸妈妈都不如你，你有很高的天赋（事实证明，这种夸张的表扬的确可以激励孩子），那你就做爸爸妈妈的老师，教爸爸妈妈学习泰语吧。

受到鼓励的女儿因为自己要做我们的老师，很是高兴。她很快下载了泰语学习软件，开始了日常交流用语的学习。

语言的学习，孩子果然具有先天的优势。几天的工夫，她就学会了很多交流用语，对我们开始了"培训"。

去泰国之前的那些日子，不管是在上学路上，还是在家里，不管是在早晨起床的时刻，还是晚上做饭的时刻，女儿都利用一切可以利用的时间教授我们。其耐心程度，堪比我做老师对待学生一般。

遗憾的是，在学习语言方面，我天生愚钝，10多天的工夫，也没有学会几句。

通过泰国曼谷机场海关的时候，女儿较为熟练地用泰语和海关工作人员交流，让泰国海关人员颇为吃惊。等到我过海关的时候，由于语言能力很弱，加上紧张，很快就把刚学的几句遗忘殆尽。好在女儿在身边，给我及时解了围。

到泰国后，因为会一点儿泰语，给我们的旅游带来了很多便利。

在曼谷的服装市场，女儿可以和当地的小商贩讨价还价，商量打折优惠；在街边的小吃店，女儿可以和店员交流了解美食的配料口味等，点到可口的饭菜……由于懂一点儿泰语，凡事可以进行较好的交流，从而使我们的旅行更为自由、更有质量。

一次普通的旅游，使女儿学会了一门语言（虽然仅仅是学了点儿皮毛），不能不说是一次意外的收获。

实际上，现在很多家庭旅游活动，只要家长用心，都可以做成培养和教育孩子的旅游课程。在这个课程中，当我们赋予了孩子一定的权力，孩子的所作所为就会成为他自觉自愿的内在需求，而不是父母强迫的结果。当我们赋予了孩子一种责任，孩子的表现往往会出乎我们的意料。

所以，当全家外出旅游的时候，不妨让孩子设计最佳的家庭旅游路线，让孩子预订更为经济划算的宾馆，让孩子预订性价比较高的饭店，让孩子选择旅游地的文化产品，让孩子记录最美的旅程经历，并以别样的方式呈现（或文字表达，或图文呈现，或视频展示等），凡此种种，都是锻炼和培养孩子的好方法。

旅游中"让孩子走在前面，家长跟在后面"，可以很好地锻炼孩子的责任感，增强孩子的主人翁意识。

旅游中"让孩子走在前面，家长跟在后面"，可以让孩子学会理财，学会规划，学会时间管理。

旅游中"让孩子走在前面，家长跟在后面"，可以让孩子深切地体味父母的不易，使家庭关系更加融洽。

在一次普通的旅游中，将父母和孩子进行简单的角色转换，旅游就具有了非凡的意义！

如何培养孩子的持久力

如何调动孩子学特长的积极性？

现在很多家庭条件好了，都要支持孩子学习一项或几项特长，这对于孩子未来生活品质的提升，无疑具有很大的作用！

在学习特长的过程中，孩子刚开始积极性很高，但是，随着学习难度的增加和高频率的机械枯燥的练习增多，有的孩子就半途而废了，最后坚持下来的所剩无几。

如何让孩子始终保持学习的积极性和主动性，恐怕是困扰很多家长的问题。

空余时间到卡拉OK厅唱上一段，亲朋好友聚会时弹奏一首钢琴曲，闲暇时刻到游泳馆来个百米游泳赛……每每看到很多人工作之后的这些业余生活，我都会很羡慕。

可能出于和我一样的心态，当下，很多父母也都很重视孩子某一方面特长的培养。这些特长的培养，对于提高孩子未来的生活品质很有帮助。

可是我们发现，孩子在学习某一方面特长的初期，兴趣还比较浓厚，但在很多次机械的重复练习后，兴趣就渐渐地丧失，以至于很多孩子学习一段时间后就半途而废了。为此，家长很是苦恼！

在女儿艺卓八岁的时候，我们也想让她学一项艺术特长。但是学什么比较好呢？我们征求了女儿的意见。

正好那时候在重播电视连续剧《西游记》，我们问孩子：你想学什么乐器呀？女儿说：我要学孙悟空弹的那个。我们明白了，她说的是琵琶。我们再三告诉她，如果想学琵琶，那就要坚持到底。

在兴趣的驱动下，女儿当时允诺了。

和其他很多孩子一样，女儿刚开始也喜欢学，但是渐渐地，在反复机械的枯燥练习中，她已失去了学习的兴趣，甚至有些抗拒。由于她有"坚持到底"的承诺，迫于我们的压力，她也不得不学，但是，能明显感觉到，她的琵琶学习基本处于应付的状态。

怎么能改变这种被动应付的状态呢？

有一次，孩子妈妈去美发店美发的时候，认识了一位婚庆公司的负责人。在交流的过程中，她了解到很多婚庆的流程中，并没有助兴演出这个环节。但是，如果加入这个环节，既活跃了会场气氛，又有了让孩子锻炼展示的机会，同时婚庆公司还能给客户提供一项增值服务。这是一个一举多得的好事呀！

通过向婚庆公司的负责人进一步了解，孩子妈妈发现很多结婚仪式都是安排在周末及其他假期期间，这正好也是学生休息的日子。于是，孩子妈妈提出了让女儿助兴演出的"合作"建议，得到了婚庆公司负责人的高度认可，并很快敲定了第一次"合作"的时间。

回家后，孩子妈妈告诉女儿：下周六有一场婚礼，邀请你助兴演出。女儿听说可以展示自己，非常高兴。我们进一步提醒女儿：婚庆现场有很多人，是展示你自己的好机会，你应该抓紧练习。不然，现场那么多人，弹不好，也是很丢人的！女儿若有所思，答应了。

接下来的几天里，我们能明显地感觉到，女儿只要有空闲时间就拿起琵琶练习，和先前被动练习相比，其主动性和认真程度显著增强了。

为了更加全面地锻炼女儿，每次助兴演出前，我们都要求女儿根据结婚新人双方的情况和演奏的曲目，写一段祝福词并背下来。在正式演出时，先给结婚新人送上祝福词，然后进行助兴演奏。

在一次又一次的助兴演出中，女儿的胆量、文笔和表达能力得到了锻炼，琵琶学习的主动性明显地提高。很多情况下，婚庆公司或新人的家庭都会给女儿一个小红包作为奖励，这又进一步激发了女儿练习琵琶的积极性。

2011 年春节，我们在北京过年。想到还有和我们一样的邻居，由于没有回老家，可能家中少一点儿喜庆欢乐的气氛，于是，正月初一早上，我们让女儿去我们所住单元的每一家住户家里演奏，送去祝福。

三个多小时后，女儿回来了。

"表演得怎么样呀？"我和爱人争先恐后地问孩子。

"爷爷奶奶、叔叔阿姨都夸我了！"女儿脸上满是幸福的表情。

"去了几家呀？"

"去了十几家吧。"

"你有啥收获吗？"

"爷爷奶奶、叔叔阿姨不但夸了我，还给了我很多奖励呢！"女儿说着，从拎着的一个塑料袋中拿出了糖块、饼干、饮料等，还拿出了200 元钱。

"这分别是两家的爷爷奶奶和叔叔阿姨给的，他们夸我弹得好，给我奖励啦！"

女儿很是高兴，放下琵琶，开始整理自己的"战利品"。

中午吃过饭后，女儿说，小区执勤的保安叔叔很辛苦，她想去给小区保安演奏，送上感谢和祝福。我们很是高兴，给了她大力的表扬。

就在这样的展示活动中，女儿的琵琶学习进展比较顺利，三年多时间就完成了全部考级。

受到以上活动的启发，在她学习主持朗诵的过程中，我们也用了类似的激励办法。

2010 年的八一建军节前夕，女儿得到了某消防支队庆八一联欢晚会主持的机会。

为了做好晚会主持，女儿上网查阅了大量与晚会内容相关的资料，然后自己根据节目内容写主持的串词，反复修改串词，在家里绘声绘色地模拟主持。她模仿着央视主持人，对着镜子，从表情到动作，从声音到礼仪，进行全方位练习。

功夫不负有心人，庆八一联欢晚会在她和一位军营小战士的主持下，获得了圆满成功，得到了参加联欢晚会官兵的一致称赞！

晚会后，某区电视台的记者对她进行了采访。看着她落落大方、侃侃而谈的情景，我们真正体会到了每一次展示的机会对女儿实实在在的激励作用。电视新闻播出后，孩子学习的劲头更足了！

除此之外，女儿还到军营和敬老院参加过慰问演出，参加过小区的文艺活动演出等。

参加这些活动，让女儿学会了处理人与人之间的关系，也培养了她的感恩意识。

现在回忆女儿学习琵琶的过程，我有了更深的思考：长时间机械地重复做一件事情而没有成就感的话，对于成人而言，也可能失去兴趣，失去坚持的动力。对于一个自制力还没有完全养成的孩子来说，更是如此。而抓住孩子的心理特点，通过一定的方式进行激励，就可以更好地达到学习目标。

现在回头来看，任何一项特长的学习，都应该征求孩子的意见。只有孩子喜欢的、孩子有兴趣的，才有可能学好。同时，在学习的过程中，要积极创造一些让孩子展示的机会，让孩子感觉到自己所学的特长有意义、有成就感。

因为，在别人面前展示自己，得到大家的肯定和称赞，是孩子重要的心理需求之一。

培养和保护孩子的学习兴趣

激发孩子努力学习的最重要的因素是什么？

学习兴趣！

孩子的成长是一个较长的过程，孩子始终充满学习的兴趣，才能稳步提高学习成绩，促进能力的全面提升。

任何急功近利的做法，在经过日积月累之后，都有可能会打击孩子的学习兴趣，让孩子感觉学习是一件极其痛苦的事情。如此一来，必将影响到孩子的成绩和成长！

如何培养和保护孩子的学习兴趣？这恐怕就要从争取做一个平心静气、不再焦虑的家长开始。因为学习兴趣对孩子而言，太重要了。只要学习兴趣在，孩子的未来就不会太差。

下午快下班时，女儿发给我一篇文章，让我给她提一些意见。

我打开一看，是她写的一篇论文——《甘肃省武威市民勤县县制沿革》。姑且不说内容写得如何，单就这篇文章的 64 个注释，就很是让我吃惊。

我仔细看了一下，注释涉及《民勤县志（1986—2005）》《汉书》《后汉书》《中国地方志集成》等文献，一共有28本（篇）。

我突然想起前些天女儿跟我说，为了写这篇论文，她翻遍了中国人民大学图书馆与此有关的所有著作，又跑到国家图书馆查看了相关文献，还让我们联系我们家乡的甘肃省民勤县文化馆，找来了民勤县的县志……

为了写好这篇论文，女儿连续几天中午没有吃饭，泡在图书馆，拍照、复印、扫描，搜集所有相关资料，构思、写作、修改，一遍又一遍推倒重来……

看到这篇文章，我不由得想起了自己上大学的时候。

坦率地说，我在写论文时，还真的没有下过这样的功夫，多多少少还是抱有应付的态度。

周末女儿回来，和她交流后我发现，她对学习还是抱有很浓厚的兴趣，她对于知识的渴求程度，让我很是吃惊和欣喜。

按说，这就是大一的时候老师布置的一份普通的作业，实际上也没有必要花费如此大的精力：中午啃个面包，长时间泡在图书馆。在网上大概查查资料，复制粘贴，对于一个大一的学生而言，交差是没有问题的。

可她就是要把文章写好，这让我很是钦佩。

她特别说到一个细节：有几本文献记录中有相互矛盾的地方，为了解开这个谜，她又反复查找和对比资料，然后做出了自己的判断：她认为其中的一个文献应该是笔误。

这几天，我一直在思考：经历了书山题海的洗礼，度过了焦灼残酷的高考，女儿缘何还是对学习有如此兴趣？缘何有这般锲而不舍的钻研精神？

思前想后，我得到了这样一个答案：在她的成长过程中，我们培养和保护了她的学习兴趣。

回想她的中小学时期，她没有经历如火如荼的课外班的"折磨"。在课外班的大潮席卷之下，虽然她的妈妈也一度焦虑，但由于女儿对于上课外班极度反感，我们便没有强求她。

由于没有在课外班超前学习，因此她在学校课堂上学习得格外认真；由于没有接受课外班老师的"面授机宜"，因此她自己总结和梳理了各科知识，找到了属于自己的学习方法。

而这一切，对一个孩子而言，却是极为重要的。

高考结束，我们经常看到媒体上报道多地高三毕业生将学习材料撕碎后"漫天飘雪"，并理解为是高考后学生的一种久违的发泄，但是其中是不是也有一种摆脱痛苦的解脱？

而她，却和学校其他高三的孩子一样，并没有将学习资料撕碎，而是放在了北京十一学校高中楼的一层大厅，留给高一、高二的孩子选用。

在一定程度上，可以说女儿取得的点滴成绩，与其较为浓厚的学习兴趣密切相关。

如何培养和保护孩子的学习兴趣？

对孩子而言，没有强加于他的心理负担。

有的家长信奉"绝不能输在起跑线上"，从幼儿园开始，就教识字、学习英语，以超越孩子心理发展的做法揠苗助长；进入中小学，更是参加各类精品班和一对一的辅导，孩子在学校和课外班之间来回奔波，在学校的作业和补习班的作业交织之下筋疲力尽。

学习，已经成为有的孩子很大的心理重负。这种情况一再持续，有朝一日可能会使孩子对学习完全失去兴趣。

只有改变这一切，才能使孩子彻底放下心理包袱，才能重拾对学习的兴趣。

对孩子而言，没有步步紧逼的学习压力。

在有的家长眼里，自己的孩子就是"超常儿童"，并给予孩子超乎寻常的期望和超出其能力的学习压力。

孩子身上出现的以下现象，极有可能与孩子的学习压力有关：

生活上食欲不振，睡眠质量差，经常感觉不舒服，容易生病，出现恶心呕吐等生理反应；情绪沮丧低落，暴躁易怒，和家人关系紧张，常与父母发生冲突；学习上敷衍、抱怨，过分苛责，失去信心；考试时焦躁不安，考前辗转反侧，彻夜失眠等。

而实际上，只有一开始把自己的孩子看作普通的孩子，通过循序渐进的措施，最终才可能使孩子变成一个"超常儿童"。而一开始就把孩子定位为"超常儿童"，其手段必然是激进的，其方法和措施必然是超越孩子能力的，以致最终造成"伤仲永"的结果，也就不足为奇了。

对家长而言，有一如既往的支持和鼓励。

"心急吃不了热豆腐"这句话，放在教育孩子方面尤为贴切。教育孩子，必须着眼于孩子的整个人生来做具体的规划，急功近利必不可行。

在孩子成绩出现问题的时候，要给予更多的关心、支持和鼓励。在困难面前，父母和孩子是同盟军。绝对不能孩子的学习一出现问题或成绩出现滑坡，就冷落、呵斥、指责。家长的不当举措必然会在孩子对待学习的兴趣上体现出来。

对老师而言，有一以贯之的耐心和信心。

老师对孩子教授知识的耐心，老师对孩子成绩出现问题时的容忍度，老师对孩子的不离不弃和坚定信心，都会使孩子对学习充满希望，更大程度上保护其学习兴趣。

请相信：只要学习兴趣在，孩子的未来就不会太差！

自信是孩子持续优秀的不竭动力

你的孩子做事有自信吗？有跃跃欲试的冲动吗？自信对孩子的成长意味着什么？

如果你的孩子做事没有自信，你反思过自己的做法吗？你采取了哪些激励的措施？

孩子的快速成长，与自信心的建立密切相关。只要自信在，孩子的进步就不可遏制，孩子的发展就不可阻挡！

20世纪60年代，一个混血男孩在美国夏威夷的檀香山出生了。他的父亲是肯尼亚人，母亲来自美国的一个中产家庭。男孩因为肤色问题的困扰，在班上整天少言寡语。每当老师提问时，他的双腿就开始不停地颤抖，说话也开始变得结巴。老师无奈地告诉男孩的母亲，这个孩子连自己都不相信，将来不会有什么大的出息了。

但是，男孩的母亲并不认同老师的观点。她为男孩找了一份差事——课余时间在街区里挨家挨户订报纸。在母亲的鼓励下，男孩敲开了邻居家的门，经过努力沟通，几个邻居都成了他忠实的订户。有了挣"第一桶金"的经历，男孩从此说话不再结巴了。

多年以后，男孩才知道，他童年时获得的"第一桶金"浸透了深深的母爱。原来，母亲早就安排好了，她自己出钱请邻居们订报纸，其目的就是给儿子一份自信。也许是童年那份宝贵的自信，让他一步步地走下来，成为美国首位非洲裔总统。他就是贝拉克·侯赛因·奥巴马。

我们很难将一个说话结巴的小男孩与未来的总统挂上钩。但是，事情就这么发生了。而事实发生的起点，与他自信心的建立直接关联。

现今，越来越多的家长对孩子的关心和照顾事无巨细，物质上应有尽有，生活上百依百顺，使得孩子事事不必自己操心。这样的结果，使孩子很容易养成一种凡事依靠家长的心态，认为自己离开家长就一事无成。这就会将孩子造就成依赖性极强、自信心不足的人。

女儿在成长的过程中，也经历了一个由不自信到有点儿自信，再到充满自信的过程。

在人际交往方面，女儿小时候胆子也很小，与陌生人交流时很是发怵，缺乏自信。

为此，我们采取了很多方法，比如，在参加聚会前，让她提前准备好问候语和祝福语；有展示的机会时，让她准备一段开场白；在外出旅游时，我们主动示弱，让她走在前面，安排和引导我们的旅行等。

在我们的不断鼓励下，孩子逐渐敢于交往、主动交流，并能自信流畅地表达自己的观点。

女儿在学科学习，尤其是数学方面，由于分数一直处于较低状态，更是没有一点儿自信。

每次考试结束、数学成绩公布后，女儿面对自己惨淡的数学成绩，在短暂的遗憾之后，便和我一起认真分析出现的问题，寻找扣分的原因：或是审题不细心，或是答题不规范，或是细节不认真，或是某一章节知识的漏洞，然后重新做题，找到自己可以提升的得分点。在我们的帮助下，她重新拾起自信。

就在这种强大的信心支撑下，女儿的数学成绩一天天提高。

高考成绩公布的前一天晚上，在我和女儿外出吃饭回来的路上，女儿悄悄跟我说："爸爸，我感觉我的高考成绩在660分以上，数学成绩在140分以上。"我赶紧告诉女儿："千万别对外说，你的高考成绩有620分以上，数学成绩有120分以上，我就很满意了。"

第二天成绩公布后，大大出乎我的意料：她高考居然考了668分，而且数学居然破天荒地考了142分，让我几乎不敢相信自己的眼睛！

现在回想起来，女儿正是有了这种强大的自信心，时刻激励自己，才有了这样一个不错的结果。

一位哲人说得好："谁拥有自信，谁就成功了一半。"

自信是孩子成长过程中的精神核心，是促使孩子无所畏惧地去面对困难、努力完成自己目标的不竭动力。

在一定程度上可以说，人的一生就是不断强化自信的过程。

自信是一个成功者最重要的心理素质之一，但它并非与生俱来，必须由家长对孩子从小加以正确引导，使孩子逐渐学会相信自己，建立起自信。

培养孩子的自信心，家长可以从以下几方面做一些尝试：

要建立合乎孩子年龄和能力的目标，培养孩子的成就感。

父母的期望值过高，目标定得太高，超过了孩子能达到的限度，就容易使孩子产生挫败感，丧失信心。也不能把目标定得太低，孩子完成得轻而易举，就会变得容易骄傲。通常出现问题的原因在于前者，在于家长不知不觉中就把孩子定位于"智力超常"的孩子，从而制定了超越孩子年龄或者能力的目标。

鼓励孩子进行尝试并做力所能及的事。

人的自信需要外界的认同和赞赏。某一行为倘若得到外界的肯定，人的自信也会由此大增。

因此，无论是孩子动手能力的培养，还是学习成绩的提高，当孩子取得成功时，要做"放大式"表扬；当孩子出现问题时，要更多地给予鼓励，千万不要一味地指责。

对孩子不要苛求完美，要少做横向比较。

在家庭教育中，家长千万不要对孩子苛求完美。要允许孩子不完美，给予孩子成长中试错的机会。同时，在教育孩子的过程中，要更多地和孩子的过去做纵向比较，少拿别人的孩子和自己的孩子做横向比较。如果家长过分夸奖那些优秀的孩子，可能会使孩子不断地否定自己，挫伤自信心。

要让孩子感觉到家长对他始终有信心。

家长一定要相信孩子可以做好很多事情，并且把这种信任及时传达给孩子，从而在潜移默化中强化孩子的自信意识，不断激励自己持续地付出努力。

除此之外，在日常生活中，也有很多培养自信的方法，比如，每次外出，不管是走亲访友还是外出旅行，要试着让孩子走在前头，为家人带路。在座位选择时，不论是开会、上课还是听讲座，只要不是对号入座，那就鼓励孩子坐在最前面。

家庭的事情，让孩子参与到决策中来，让孩子觉得自己很重要，以锻炼孩子的判断力与做事能力，进而对自己做出进一步的肯定性评价。

……

家长有意识地设计、不经意地积累，就会逐渐培养出一个充满自信的孩子，并让自信成为他持续优秀的不竭动力！

第三章

德智体美劳，样样不能少

安全与健康是家庭教育的重中之重

孩子的安全问题如何解决？

家长每天接送孩子，真的非常有必要吗？

提出这个问题，必然招来很多人的责难：媒体中报道过那么多失踪案件，如果家长不接送孩子，不是会产生更多的安全问题吗？

这样一想，似乎也有一定的道理。

可是，在现实生活中，有时候家长的确不能及时接送孩子，那如何才能保证孩子上下学的安全呢？

实际上，教给孩子认识危险，掌握应对潜在风险的基本策略和化解现实危险的基本方法，才是解决问题的根本之道。

如果做到了这些，孩子的世界就不再像我们想象的那么可怕，家长就会减少很多担忧。

孩子的世界安全吗？对于这个问题，似乎没有回答的必要，因为答案几乎就是肯定的：不安全！

而实际上，这个问题还是有讨论的空间和价值。

在孩子上幼儿园的时候，每天接送她，搞得我筋疲力尽。上了小学一年级，依然如此。但是，我和她妈妈的工作都比较忙。很多情况下，我们实在没有时间亲自接送她上下学。

我很苦恼，这到底怎么办呢？

我回想起自己小时候 从一年级开始，都是和小伙伴一起上下学，父母从来没有接送过一次。为什么我的孩子上了小学之后，就必须接送呢？

我理解小学老师要求接送孩子的初衷。因为孩子生活的环境，确实有诸多不安全的因素。除了交通安全因素，拐骗孩子、伤害孩子等事情也时有发生。

但是，我当时实在没有办法兼顾工作和接送孩子上下学这两个问题。

于是，在孩子二年级的时候，我告诉她，现在开始，你要自己上学了，因为爸爸妈妈工作比较忙（那时候我是班主任，每天早晨 7 点多就要组织班级学生早读等）。告诉她后的第二天，孩子自己一个人背着书包去上学了。始终不放心的我，还是远远地跟着她，看看她怎么到学校。

我发现，孩子先是拐进了空政文工团大院，然后穿过大院，从另外一个小门出去，很快就到了海淀区太平路小学。我很佩服孩子的机智：相对而言，空政文工团大院内比马路边安全多了！

下午孩子放学时，正赶上我有一个会议，没能按时去接孩子。等我开完会，急急忙忙跑到办公区放下材料准备去接孩子时，却发现孩子已经坐在办公区我的座位上了。

我吃惊地问孩子："你怎么一个人回来的呀？"

"你说今天不接我，让我自己回来呀！"

"那老师怎么同意让你自己回来呀？"

"放学在校门口的时候，我告诉老师，我看见我爸爸了。老师说：'那你去吧！'我就出来了！"

"那你怎么回来的？你不害怕吗？"

"有点儿害怕！我看见有个阿姨带着孩子回家，正好是向我们这个方向走，我就跟着他们，等到了十一学校门口，我就自己拐进来了！"

我长舒了一口气！

孩子的做法算不上机智，只是她的无奈之举。但是，孩子为了平安到家，能主动思考、想方设法，却是值得认可的！

还是在二年级的时候，有一次周六，孩子要去小学参加合唱团排练，那天正好我们也很忙，无法从家里送她过去，而她步行走过去又会耽误时间。

怎么办呢？打车！

我把注意事项告诉了孩子，孩子一个人去了学校。约半小时后，孩子打来了电话，告诉我，已经安全到学校了。

排练结束，孩子回到家后，我问她："你今天是怎么去的？"

"就是按照你告诉我的方法呀！"

"那你具体说一说！"

"我上车就坐到了后座，然后告诉司机，我要去太平路小学。开车后，我就用手机假装给你打电话，说，爸爸，我坐上车了，出租车车号我已经给你发过去了，你在校门口等我就行！到了校门口的时候，我告诉出租车司机：您停车吧，我看见我爸爸了！"

孩子很好地执行了我教给她的方法。

坐到后座，这是第一道安全防线；假装打电话，说出车号、爸爸等我等信息，是让司机明确：你必须把我安全送到目的地！

现在回想起来，我教给孩子的方法还有需要完善的地方，比如，如果孩子能及时汇报自己的行程情况，那就会更加安全。

没错，这个社会是有诸多不安全的因素。但是，我想说的是，作为家长，也有很多值得反思的地方。

如果孩子们能增强一些安全意识、掌握一些安全防范措施，犯罪分子可能就没那么容易得手！

必须强调的是，对于孩子而言，我们的做法有安全隐患，不值得借鉴。但是，教孩子正确预判风险，合理应对和躲避可能的伤害，则是我们必须做到的。

上了中学之后，孩子提出，她想在学校上完晚自习之后再回家。针对她的这个要求，我并未想尽办法协调时间，保证晚自习后按时接她，而是和她一起预测分析夜晚回家路上可能遇到的问题：不同的季节中，可能有哪些危险因素？独自行走在马路上时，应该如何观察环境？有潜在的各种风险时，应该如何应对？

孩子越了解、掌握这些知识，我们就越安心。

在孩子的安全方面，很多家长会亲力亲为，而为孩子传授安全秘诀的特别少。我们都清楚"授之以鱼不如授之以渔"的道理，却往往落不到实处。

实际上，只要孩子增强了安全意识，掌握了应对潜在风险的基本策略和化解现实危险的基本方法，孩子的世界就不再像我们想象的那么可怕，家长就会减少很多担忧。

另外，安全问题的解决不仅仅在于安全问题本身，还涉及孩子自理能力的培养、应对周围环境等诸多成长问题！

希望我们家长在孩子成长的过程中，都学会做"授之以渔"的家长！

家庭教育中万万不可忽视体育锻炼

每个家长都知道体育锻炼的重要性，但是，当体育锻炼与孩子的文化课学习发生冲突时，体育锻炼便不再那么重要。

而实际上，体育锻炼的重要性真的需要我们重新审视：

从功利性的角度而言，体育锻炼是中考甚至是未来高考的必然要求；

从近期目标而言，体育锻炼有助于激发思维，提高学习效率；

从长远发展而言，体育锻炼有助于铸就健康的体魄，提升人生的质量。

因此，体育锻炼是家庭教育中万万不可忽视的一部分！

如果对家长提一个问题：体育锻炼属于家庭教育的内容吗？估计有不少家长会给出否定的回答。

事实上，学科知识的学习和兴趣特长的培养几乎占用了孩子的全部时间，体育锻炼早就被很多家庭抛至九霄云外。

很多调查和统计数字都说明：体育锻炼是青少年的一项极其紧迫的任务。

据国家卫健委统计，我国 6~17 岁青少年儿童超重率是 9.6%，肥胖率 6.4%，二者相加达到 16% 之多。在不满 17 岁的孩子中，有 1/3 存在至少一种心脑血管疾病的隐患。在 12~18 岁的孩子中，有 1.9% 患有糖尿病，相当于美国同龄人（0.5%）的四倍。

2018年，我国发布的首份《义务教育质量监测报告》指出，四年级、八年级学生视力不良检出率分别为36.5%和65.3%。相比之下，美国青少年的近视率约为25%，澳大利亚仅为1.3%，德国的近视率也一直控制在15%以下。

因此，从身体健康的角度来说，除了在学校要让学生加强体育锻炼之外，家庭教育的内容，也应该把体育锻炼纳入其中。

现在很多家长在孩子小的时候，非常注意培养孩子的体育特长，会给孩子报篮球、足球、羽毛球等各类常见的课外班，有条件的甚至还会报冰球、马术等课外班。这些课外班，确实对培养孩子的运动兴趣、提升身体素质起到了很好的作用。

但是，随着孩子课业负担的加重，这些体育运动大多退出了孩子的生活，甚至彻底离开了孩子的视线。有些家长甚至认为孩子进行体育锻炼就是贪图玩乐、浪费时间。

实际上，越是在课业负担加重的情况下，越能显示出体育锻炼的重要性和必要性。

女儿从小学到高中，游泳几乎不曾中断。到了初中后，她又喜欢上了排球运动。即使到了高三，在课业负担和高考压力很大的情况下，她都会留出体育锻炼的时间。

高三期间，她每天下午下课后先去吃饭，六点开始和学校国际部的学生打排球，打到七点，才去上晚自习。但是学校晚自习是从六点半开始的，所以，她妈妈每天都要为她的晚自习请假半小时。

周末无法组队打排球，她就找同学一起打羽毛球。有时候实在找不到同学，就只好拉着我们去给她"陪练"。

据她自己的体会，每天运动一小时看似浪费了一小时的刷题时间，而实际上，运动结束再去学习，头脑更加清醒，思维反应更快，注意力更加集中，记忆力也更好。体育锻炼大大提高了她的学习效率，达到了事半功倍的效果。

相关研究也证明了这一点。

芝加哥某中学让学生早七点到校做运动，运动一段时间后才开始上课。这种做法一开始遭到了家长的反对，但是坚持下来之后，研究人员发现，学生上课不但没有打瞌睡，反而更清醒，上课的气氛更好，学生的记忆力、专注力都有了显著提高。

医学专家对此给出了科学的解释：人在运动时会产生多巴胺、血清素和去甲肾上腺素。多巴胺是种神经递质，能传递兴奋、开心、愉悦等信息，因此运动完的人往往心情愉快、精神亢奋。而血清素和我们的情绪和记忆有直接的关系，血清素增加，记忆力变好，学习的效果也更好了。去甲肾上腺素使孩子的专注力增强。所以，学生心情愉快、上课专心，记得快、学得好，自信心也提升了。

这个中学还做了一个实验，将学生最不喜欢、最头痛的课（如数学）排在上午第二节或下午第八节，结果发现上午那一组的学习效果比较好，比对照组好两倍以上。因为运动完的神经传导物质在上午第二节课时还在大脑里，到下午时就已经消耗殆尽了。

很多学霸都有运动的习惯。他们在满满的文化课学习时间中，抽出一部分时间进行体育运动，使自己的身体得到放松，精神更加饱满，学习效率提高，学习成绩自然就上去了。

因此，从提高学习效率和学习成绩的角度来说，体育锻炼不但是学校教育中的重要内容，也应该受到家庭教育的重视。

现在很多地方都把体育作为中考的一个科目，但该科目无法速成，只有经过长期坚持才能收到成效。如果平时不锻炼，以为在最后的体育中考中拼尽全力地跑，就能得到满分，那一定是不可能的。必须做好计划，认真锻炼，长期坚持下来，成绩才能不断提高。

每天晚上，在紧张的学习之后，不妨出去锻炼一下。一则提高了体育成绩，二则愉悦了身心，提高了学习效率。真可谓一举多得。

因此，将体育锻炼纳入家庭教育内容中，益处多多：

从功利性的角度而言，体育锻炼是中考甚至是未来高考的必然要求；

从近期目标而言，体育锻炼有助于激发思维，提高学习效率；

从长远发展而言，体育锻炼有助于铸就健康的体魄，提升人生的质量。

体育锻炼的价值，真的不可小觑！

孩子的健康心理建设不可忽视

社会转型快，学习、就业压力大，各行各业竞争加剧……如果心理疏导没有及时到位，心理问题可能就会成为影响孩子健康成长的重要因素。

加强孩子的心理健康建设，应该做到：

陪伴——让孩子有安全感；

共情——让孩子有认同感；

疏导——让孩子有应对法；

历练——让孩子有抗挫力。

培养一个心理健康的孩子，家长必须承担起第一责任人的角色。

家长扪心自问：帮助孩子度过"多梦的季节"和"多雨的时期"，我准备好了吗？

在多年的学校教育中，我发现，学生的心理问题日渐增多，有的甚至严重影响到了孩子的人生，影响到了全家人的家庭生活。

而大量的研究也发现，中学阶段是孩子身体和心理发育最为迅速的时期，是充满激情、最有创造力、思想最活跃的时期。这是他们从幼稚走向成熟、从依赖走向独立，对人生、社会和未来充满幻想与好奇的"多梦季节"。

与此同时，伴随着成长的欣喜、生活的苦恼、学习的压力、情感的萌动，这个时期的孩子渴望友谊、渴望理解、渴望自由，极易产生一系列的心理问题。因此，这个时期也是孩子成长的"多雨时期"。

这个时期的孩子，其心理问题主要有以下几种。

由于学习成绩不好或屡犯错误，所以无论在家庭还是在学校，受到的批评往往多于表扬、指责多于鼓励、惩罚多于引导。于是，孩子变得心灰意冷、萎靡不振、自暴自弃、消极颓废。久而久之，形成了一种"我不如人"的自卑心理。

由于辨别是非的能力较差，有的孩子往往不能正确对待家长的一片苦心及老师的批评教育。他们对正面宣传持怀疑态度，否定榜样及先进人物，对不良倾向产生情感认同，对思想教育、遵规守纪要求采取消极抵抗的态度，逐渐形成逆反心理。

由于性格内向等原因，有的孩子很少与他人交往，他们一方面不愿参加集体活动，另一方面却又抱怨别人不了解自己、不接纳自己。因此和同学的关系越来越疏远，自己变得越来越孤独。

有的孩子或有漂亮的容貌，或有优异的学习成绩，或有优越的家庭条件，这常常会引发另一部分孩子的羡慕乃至嫉妒心理。这种羡慕和嫉妒心理有可能发展为憎恶、敌意、怨恨，极端案例中甚至会有人对被嫉妒的对象进行报复。

有的孩子处处都以自己为核心。遇到稍不顺心的事便会大发雷霆，被触犯到一点点个人利益就斤斤计较，对集体麻木不仁，对社会漠不关心。这是一种唯我独尊的心理。

有的孩子过度迷恋网络，或过度痴迷于明星，对学校的生活失去兴趣。有的孩子学习动力不足，学习欲望低下，把学习视为苦差事，上课懒得打开课本，作业不能独立完成，终日浑浑噩噩，形成一种厌学心理。

有的孩子自我要求很高，或者家长对他要求很高，每次考试都很紧张，考前睡不好觉，考试时出现情绪紧张、心慌意乱、记忆卡壳等现象。平时成绩不错的学生，一到考试就慌了手脚，无法发挥自己应有的水平。这是比较典型的考试焦虑心理。

在与很多家长的交往中，我们亦发现，以上孩子的心理问题多与家长的早期教育密切相关。媒体的报道中也不断出现类似情况。

结合多年的家庭教育经验，我以为，加强孩子的心理健康建设，应该做到：

陪伴——让孩子有安全感。

毋庸讳言，随着生活节奏的加快，很多家长每天都在忙忙碌碌中度过，陪伴孩子的时间被严重挤压。因此，一些家长便将孩子进行了"妥善的安置"：小学时上学有人送，放学后被"托管"（甚至有的孩子在小学时就被家长送到学校住宿，只是周末偶尔见面）；中学时放学和周末进补习班，接受"吃、喝、学一条龙"的服务。

殊不知，任何人的陪伴都无法取代父母对孩子的陪伴。

只有在父母的陪伴下，孩子才能敞开心扉，而不至于郁郁寡欢；只有在父母的陪伴下，孩子的情绪问题才能得到缓解，而不至于日积月累。

父母的陪伴，最使孩子有安全感。只要我们认识到了陪伴的重要性，真正愿意陪伴孩子，时间总是可以挤出来的。

共情——让孩子有认同感。

在孩子遇到问题时，不要先给孩子讲道理，而应和孩子共情（哪怕是孩子的错误所导致的问题）。在一定程度上认同而不是全盘否定孩子的行为，会让孩子感觉你是理解他的，才有助于接下来解决问题。

这方面，我妻子做得尤其好。每次女儿出现问题，或痛苦或焦虑时，她都会拥抱女儿，倾听女儿的哭诉。她在与女儿的沟通中，能让女儿感受到她是可以信赖的人，她是可以倾听的人。

比如，女儿在考试期间，也出现过焦虑甚至晚上难以入眠的情况。针对这种情况，她妈妈总是先认可女儿，肯定她是一个积极向上的孩子，这是希望自己取得好成绩而产生的情绪。然后告知她，自己上中学时也产生过此类情绪。这样的共情，往往可以使孩子放下心理包袱。

疏导——让孩子有应对法。

共情取得信任，是进行下一步心理疏导的基础。因为教给孩子应对的方法，才是最终解决心理问题的关键所在。对不同原因下产生的不同问题，家长应该采取不同的应对策略。一些难度较大的心理问题，则需要家长系统地学习疏导方法 或求助专家。

需要注意的是，孩子出现心理问题，任何指责都是不可取的，都可能会使孩子打开的心门立刻关闭，导致问题得不到解决。只有在温和友好的家庭环境中，孩子的心理问题才能得到缓解。

历练——让孩子有抗挫力。

防范重于救灾。在孩子成长的过程中，需要前瞻性、有针对性地加强对孩子的锻炼。

比如，每次军训，我们都要求女儿参加，即使她生病。因为"花钱受罪"的军训，对培养她的竞争精神、拼搏意识、团队合作等良好品质极其重要。

比如，有展示和参与的机会，我们都鼓励女儿积极参加。无论是朗诵、主持，还是跳舞、演奏，还是各种社会实践活动。展示和参与的机会锻炼了她大胆的个性，提升了她的自信心，增强了她的交往能力。

只有在一次次历练中，才能够锻炼出孩子的抗挫力，增强孩子的自信心，减少心理问题的产生。

只要家长足够用心，只要家长足够有耐心，绝大多数孩子的心理问题都是可控的，都是可以预防和解决的。

培养一个心理健康的孩子，家长必须承担起第一责任人的角色。

如何培养出懂规矩、有温情的孩子

有力度的家庭教育才是完整的家庭教育

每一个家长都应该思考，我们的家庭教育除了有温度之外，是不是也有力度？

家庭教育中，家长的教育力度至关重要，缺乏力度的家庭教育不是完整的家庭教育！

不能满足孩子所提的无限要求，不能包办孩子该做的一切事情，不能放任孩子的任何不当行为。

在教育的过程中，家长的教育尺度既要体现出温度——该有的父爱母爱；也要体现出力度——该有的原则和底线。

只有严慈相济，才能培养出一个懂规矩、有温情的好孩子。

长时间和家长打交道，总会遇到不少这样的家长：

"老师，我已经拿孩子没有一点儿办法了，您怎么管他都行！"

"老师，您千万别告诉孩子这是我说的！"

"老师，孩子在家时，我总是提心吊胆的，生怕惹着他！"

"老师，我真希望学校不要放假，这样我就能更加省心些！"

......

能够明显地感觉到，很多家长教育孩子的力度已经在逐渐弱化，有的甚至到了束手无策的程度！

进一步和家长了解，家长说，孩子经常用这样的语言威胁他们：

"我要离家出走！"

"我要跳楼！"

"我要死给你看！"

......

面对孩子的如此"要挟"，很多家长和孩子相处时，往往战战兢兢、噤若寒蝉。

实际上，"冰冻三尺，非一日之寒"，孩子发展到如此程度，与家长的早期教育密切相关。

现实生活中，我们常发现这样的情况：

超市里，年轻的妈妈给孩子买玩具，本来说好了只买一件，但是，一旦孩子躺在地上哭闹，年轻的妈妈立刻会满足孩子买多件玩具的要求。

此后，孩子屡屡使用这一招，家长一一满足。终于有一天，孩子的要求超出了家长的容忍限度。家长不再满足时，孩子的行为变本加厉，让家长极度头痛，但又无计可施……

在家里，孩子犯了严重的错误，家长进行了批评。孩子说出一句"我要离家出走"，并摆出一副要走的架势，家长立刻低头认错，好言安抚孩子。

此后，孩子出现了问题，只要家长一批评，孩子立刻以此进行威胁。家长就在这种无可奈何中，一步步助长了孩子的这种"嚣张气焰"。

……

回望孩子的成长历程，我们会发现，每一个孩子身上都或多或少出现过一些不良行为。问题在于，家长采取了什么态度，采取了哪些措施。

很多孩子的过分行为，归根结底是家长一再纵容的结果。

女儿在小学的时候，有一次她告诉我们，某某同学向家长要钱，如果家长不给的话，同学就会扬言离家出走，所以家长每次都给钱。

我明白孩子是在试探我们对此类事情的态度。我告诉她，正当的要求爸爸妈妈会满足你，但是不正当要求，不管你采取什么措施，爸爸妈妈都不会满足你！你如果想学这个孩子离家出走的话，那是你的选择。那你就赶紧走，我们绝对不拦着！

听了我们的表态，孩子没再说什么。

过了几天，孩子因为做错了一件事受到了我的批评。我正好借这个机会，对孩子进行了一次教育。

我拉开门，告诉她：“你说同学以离家出走威胁家长，你想离家出走吗？你要离家出走的话，那就赶紧走，我们要锁门睡觉了！”

从此之后，女儿再也不提“离家出走”的事情了。

很多家长在教育孩子的过程中，只有满腔父爱母爱的温度，没有原则底线的尺度，以至于孩子越来越“蛮不讲理”。殊不知，家长正是孩子“蛮不讲理”的始作俑者。

合理的家庭教育应该对孩子的要求讲原则。家长教育孩子失去原则性，就会出现这样的情况：

遇到问题时，孩子一旦发飙，家长不知该如何应对，最终因为扛不住孩子的“要挟”，而萌生退让之意；

家人教育孩子的意见不统一，把握原则的尺度有差异，从而导致孩子借机钻空子；

有外人在场并干预时，孩子抓住机会借题发挥，家长面子上挂不住，于是失去控制。

……

面对以上问题，家长需要把握孩子身心的健康成长和品行的正向发展这个基本原则。在把握这个大原则的基础上，家长就可以较好地把握教育尺度，孩子也可以逐渐明晰处事规则。

必须让孩子明确：有些事情可以做，有些事情不能做；有些事情可以商量，有些事情不可妥协；有些事情要分时间决定，有些事情要分场合权衡。

对孩子的要求有沟通。

对孩子的任何要求，家长要讲清楚道理，从思想上、情理上与孩子进行沟通。

比如，孩子进入公共场所大声喧哗、毁坏公物、不守规则、不懂礼貌等问题，需要在问题发生前进行前瞻性教育，在问题发生后进行及时性教育。如果家长没有事先沟通，就容易引发孩子的对抗，使问题变得更复杂，处理起来更难。

一旦沟通成功了，或者道理讲明白了，就有了教育的依据，执行起来也更有效。

对孩子的要求守底线。

很多情况下，孩子刚开始对家长抱着一种试探的心态，在探求家长的底线。如果家长的态度不够坚定，让孩子觉得有机可乘，这就有了突破底线的可能。一旦底线被突破，孩子的欲望就会一步步变大。

这些底线就是：不能满足孩子所提的无限要求；不能包办孩子该做

的一切事情；不能放任孩子的任何不当行为。

明确了底线，并且守住了底线，孩子就会逐渐养成为人处世的底线意识。

在教育的过程中，家长的教育尺度既要体现出温度——该有的父爱母爱；也要体现出力度——该有的原则和底线。

只有严慈相济、松紧结合，才能培养出一个有温情、懂规矩的好孩子！

孩子感受不到的爱是没有意义的

扪心自问三个问题：我爱自己的孩子吗？我的爱，孩子感受到了吗？我怎么做才能让孩子感受到爱？

不可否认，每一个家长都很爱自己的孩子！

可是，估计很多家长很少思考过，自己对孩子的爱，孩子接收到了吗？

如果孩子没有接收到自己付出的爱，那这种爱是没有价值和意义的，虽然家长很辛苦。

我们家长需要做的，就是让孩子实实在在地感知到自己的爱，从而让这种爱真真切切地发挥作用。

我们经常会听到家长说这样的话："我在孩子身上费尽了心血，可孩子就是不领情！""我都是为了孩子好，可孩子一点儿也不理解我，我太伤心、太失望了。"

我理解家长的心情，可我对于这样的家长，一点儿也同情不起来。

我是一个不善于表扬孩子和向孩子吐露爱的人，在这方面，我真的很不适合做一个老师，也不算一个称职的父亲。以前自己并没有觉得这是一个缺点，终于在一次爱人的反馈中，我才猛然意识到这一点。

具体事实已经记得不太清晰了，能记清的是爱人有一天晚上告诉我，女儿当天回家后异常激动地告诉她：今天爸爸表扬我了！爱人说，孩子的那种惊喜之色，让她终生难忘。

我猛然醒悟，我对孩子的表扬和肯定被孩子如此看重，我真该好好反思一下了！

随后的几天，我不断地从爱人那里听到孩子向她反馈，我是如何表扬她的。与此同时，我明显感受到的是，感受到爱意后的女儿与我的关系也更加亲近起来。

现在回想起来，确实如此。既然我们对孩子付出了爱，就应该让孩子知晓。因为孩子的知晓，会使我们接下来对孩子的教育更有现实的力量。这种爱的表达往往于无声处显得更为自然，其教育的效果也会更为明显。

选择什么样的方式表达爱，会使孩子更容易感受到呢？

比如，孩子听到爸爸妈妈之间一次看似不经意，实则有意为之的谈话；

比如，亲朋好友一起聚会时对孩子取得的成绩的"吹嘘"；

比如，和孩子谈话时，对孩子不尽如人意的某些方面的深深担忧；

比如，饭桌上，时常与孩子交流成长中的期待和规划，包括精力的付出、财力的支持和心理的爱助等；

比如，看似无意实则有意地让孩子看到日记中记录的他的成长故事，以及父母为孩子的辛勤付出。

……

除此之外，我往往通过信件的方式，传递着让孩子可以直接感受到的爱：对她的肯定，对她的提醒，对她的期待……

2017年女儿十七岁生日之时，我给女儿写了一封信，全文如下：

全心地祝福
——写在女儿十七岁生日之际

亲爱的宝宝：

在你十七岁生日的今天，爸爸静下心来给你写信，不由得想起了四年前你十三岁时给你写的那封信。时间过得真快牙，一晃又是四年过去了，你从一个懵懂少女成长为一个让爸爸引以为豪甚至有点儿崇拜的大姑娘。

爸爸多想让时光停滞，甚至回流，让你回到小时候的样子，让爸爸可以继续背着你、抱着你，享受那些甜蜜的时刻。但是这一切都不可能了。

但爸爸并不遗憾，透过你的现在，我看到了你辉煌的未来。你是一个积极向上的孩子，很多事实我必须记录下来，因为这足以让我自豪：

我记得，为了参加中国汉字听写大会，你一周之内翻阅完了第六版《现代汉语词典》，并彻夜地精心准备。这说明你是一个能坚持的孩子，这种品质足以帮助你成就你未来的事业。

我记得，在初二的那个暑假，你看完了电视连续剧《萌学园》，你对我说，你认为这个电视剧的结尾不太好，你想重新写一下结尾。我也是随口应付了一下，你却在一周多时间里写出了数万字。这说明任何一种兴趣爱好若能与自己的目标对接起来，都能有助于自己的成长。

我记得，你在初三时曾经为坐到第一排而欣喜若狂，说明你是一个对自己要求很高、希望老师对你多加督促的孩子，这是很多孩子唯恐躲之不及的可贵品质呀。

我记得，我们一起去泰国，你专门下载了泰语学习软件，教爸爸妈妈学习，以方便外出交流，说明你是一个做事有规划的孩子，这种品质对你未来的事业将大有神益。

我记得你喜欢韩语节目，为了准确了解节目信息，你能主动学习韩语，并和韩国学生进行交流，说明你的爱好不仅仅用于消遣，而被赋予了更大的意义。

我记得，在欧洲游学期间，你曾经在大英博物馆因为同学的一句"我们以后要把中国的这些精美瓷器拿回去"而泪流满面、失声痛哭，说明你是一个有志向、有爱国情怀的充满正能量的孩子，这种品质弥足珍贵。

我记得，你说现在的文献对武则天的评价不够公正客观，并引经据典，历数种种证据，说要为武则天重新写一部传记。我不知道武则天的这部传记未来能否面世，但是你全面客观地看待一件事物的态度，其意义已经超过了这部传记本身。

……

随着你的长大，爸爸开始进入苍老模式，但是爸爸还是能感悟到你的成长：

我享受你说我炒的菜不好吃，而自己炒菜做饭的时刻；我享受你我一起剁馅、和面、包饺子的时刻；我享受我们一起炸麻花、做辣白菜的时刻；我享受我做拉面，你剥蒜、捣蒜，然后全家一起大快朵颐的时刻。

我享受每天拉着你的手一起上学的时刻；我享受每天晚上晚自习后接你回家，听你诉说学校所见所闻的时刻。

我享受你从不抱怨作业多，并且把老师给的所有资料打印出来，用心完成的时刻；我享受你静静地学习、每天展示自己背诵英语单词数量的时刻；我享受你攻克一道道难题，被很多211和985大学"录取"的时刻。

我享受你弹琵琶，我吟唱《红楼梦》系列歌曲的时刻；我享受和你在老家的时候，躲着妈妈去吃自己想吃的东西的时刻。

……

今天你已经长大了，我对令我骄傲的女儿想说的话很多，但是流于笔尖，将会更为庄重、更为深刻：

每个人的成功之路都是自己开辟的，我并不特别看重高考，但是高考在一定程度上又是人生的一个新的起点，我希望我宝宝的起点能更高一些，因此在高考前，你还需卧薪尝胆，永远抱着谦逊的态度，虚心向老师和同学求教，争取站在一个新的制高点上。

人生就像一场长跑，重要的不是跑得有多快，而是能坚持多久。我不会特别看重努力的结果，我希望你做任何一件事情，都能善始善终。而很多情况下，人的成功和他的努力往往是一致的。

我认为，对于迈向十八岁花季的你而言，现在不仅需要规划好自己的成功路线图，还需要进一步细化自己的成功时间表。因为预是立的前提。因为你已经找到了胜利的密码，已经具备了成功的基因。只要按照成功路线图和时间表扎扎实实地去落实，你就一定能到达成功的彼岸！

需要确信不疑的是，不管发生什么，爸爸妈妈都是你坚强的后盾，你不必有任何顾虑，只管一如既往地努力就好！

祝福我的女儿！

永远爱你的爸爸
2017 年 4 月 28 日

再次强调：孩子感受不到的爱是没有意义的，只有孩子感受到的爱才是有价值和意义的！

直白地表达爱，往往效果欠佳；于无声处表达爱，往往更加真实可信，力量更为长久。

爱孩子，需要通过适当的方式表达出来！

如何培养生活技能满点的孩子

做家务活儿会耽误孩子的学习吗？

如今，很多家庭都只有一个孩子，至多两个，他们会做家务活儿吗？

有的家庭中，妈妈是全职妈妈，专门照顾孩子的生活，孩子有必要做家务活儿吗？

有的家庭中，雇有专职保姆，专门承担家务活儿，还轮得上孩子做家务活儿吗？

再说，孩子做家务活儿，不会耽误他的学习吗？

如果真的深究做家务活儿这个问题，可能我们会得出不一样的答案，会有不一样的发现。

我自己在六七岁的时候，就开始帮着父母做家务活儿了，而在农村，家里的女孩到十岁的时候，甚至都可以为全家人做饭了。那时候，家务活儿的重要性在一定程度上甚至超过了学习。

女儿艺卓在十岁的时候，我们开始要求她每次在家吃完饭后洗碗刷锅。为了激励孩子，我们提出：每次吃完饭后，把锅碗瓢盆洗干净，可以奖励她四元钱。

刚开始，孩子很新奇、很高兴，洗了几天。我们也信守承诺，每次都给她四元钱。但是，好景不长，洗了几天后，孩子不想洗了。因为毕竟每个人都是有惰性的，孩子也不例外。

为了对孩子有所约束，我们和她约定：你已经到了该帮爸爸妈妈做家务活儿的年龄了，所以不能完全由着自己的兴趣做事，应该承担与你的年龄相应的责任。既然刷锅有奖励，那么不刷锅就必须有惩罚。以后你如果不刷锅的话，每次要扣掉两元钱，就从你的压岁钱中扣除。并且告知她：以后你的零花钱全部要通过做家务活儿赚取，爸爸妈妈将不会无偿地给予你零花钱！

刚开始，孩子以为是开玩笑，没有当回事儿。可我们依然按照约定扣除她的压岁钱。眼看压岁钱越扣越少，零花钱没有来源，孩子有点儿坐不住了，开始主动刷锅洗碗了。我们亦按照约定每次给她四元的奖励。

渐渐地，孩子养成了刷锅洗碗这个习惯。

曾经有好几个周末，孩子都央求我："爸爸，今天我们多做几次饭吧！"

"为什么呀？"

"这样我就能多挣零花钱了！"

两三个月后，孩子刷锅洗碗的习惯养成了，而每次要四元钱的奖励却渐渐地淡忘了。一直到现在，孩子完全养成了刷锅洗碗等做家务的习惯，却完全忘记了奖励的要求。

有时候，在她洗完锅碗瓢盆的时候，我还和她开玩笑："要四元钱的奖励吗？"

女儿不屑一顾："我才不和你们斤斤计较呢！"

一般情况下，很多家长都认为，孩子做家务，一定会耽误学习的时间。真是这样吗？

事实并不尽然！孩子做家务，有助于养成其责任感。

不同年龄阶段的孩子，都应该承担不同的家庭责任。小时候是帮着父母做家务，长大了之后要承担赡养父母的责任。如果孩子在成长的过程中，责任感的教育有所缺失的话，孩子就会无事一身轻，任何重要的事情他都不会在意。

一个没有责任感的孩子，能把学习置于何种位置呢？

孩子做家务，有助于养成自觉勤快的习惯。

有的孩子吃完饭，马上就躺在沙发上，拿起手机开始玩，好像做家务就是爸爸妈妈的事情。而要求孩子做家务，可以克服其被动懒惰等思想，养成自觉勤快的习惯。

一个懒惰的孩子，他能在学习上勤学好问、全力以赴吗？

孩子做家务，有助于提升他的生活品质，培养积极的人生态度。

会做家务的孩子，会很好地规划自己的生活（这种规划生活的能力亦会迁移到对学习的有序规划上），会有助于营造和谐的家庭氛围，提升他的生活品质，养成积极向上的人生态度！

当然，需要注意的是，在孩子学做家务活儿的初期，家长要特别有耐心。

有的家长一看见孩子没有洗干净，立马把孩子推到一边："都洗得不干净，你过去，还是我来洗吧！"把刚刚给予孩子锻炼的机会又剥夺了。

没洗干净，怎么办？

——教给他洗干净的方法！一次洗不干净，再洗一次。久而久之，孩子就能洗干净了。

如果不让孩子锻炼，孩子即使到了 20 岁，甚至 30 岁，也洗不干净！

我常说一句话：如果你想做好一件事情，你有的是办法；如果你不想做好一件事情，你有的是借口！

教育孩子，亦如此！

孩子想吃啥，家长就做啥？

随着国家经济发展和百姓收入增长，现在每个家庭的生活条件有了很大改善，孩子想吃啥，家长基本上可以满足孩子的要求。

因此，出现了一个现象：孩子想吃啥，家长就做啥！

这几乎是很多家庭的生活常态。

如果我们把这个现象归纳为一个问题：孩子想吃啥，家长就做啥吗？家长该如何回答呢？

很多问题，如果我们做了认真思考，会发现其中蕴含着很多教育孩子的契机！

现在的大多数家庭都是一个孩子，最多两个。因此，家长基本上都能满足被视为掌上明珠的孩子的要求。

比如吃饭，可能很多情况下，孩子想吃什么，家长就会给孩子做什么。这似乎是天经地义，无可厚非。

我的做法有点儿背道而驰，我采取的是不同于很多家长的另外一种方式。

在我们家，吃什么饭，我从来不征求孩子的意见。我想吃什么我就做什么（当然，孩子在参加中考的三天和参加高考的两天时间里，她想吃什么，我会给她做什么）。甚至有时候她想吃拉面，我也想吃，但我偏要做揪面！

每次孩子想吃什么饭，遭到我的拒绝后，孩子都会不高兴。终于有一天，她和我之间有了如下的对话。

"爸爸，为什么别的孩子想吃什么，他的爸爸妈妈都会给他做什么，为什么你就不给我做呀？你是不是不爱我呀？"

"爸爸爱你呀！正因为爸爸爱你，才不会因为你想吃什么，爸爸就会给你做什么。"

"这是为什么呀？"

"因为爸爸希望你自己学会做饭！那样你想吃什么的时候，就可以自己做什么了！"

虽然有了这样一次对话，但却没有引起孩子的足够重视。

终于有一天，一次"意外事件"的发生，让孩子彻底下定决心，一定要学会做饭。

那是 2009 年，孩子 9 岁。

这年暑假，学校组织部分老师（我也是其中之一）去浙江绍兴封闭一周多时间，研发教辅材料。

考虑到孩子妈妈不会做饭，在去绍兴之前，我做了两大盆老家常吃的臊子，放入冰箱冷藏，并告知她们母女俩：每次舀出一部分臊子，加水，再加点儿盐、醋和酱油，烧开。将超市买来的手擀面或者家里的挂面煮熟。然后将臊子汤浇在面条上，就可以尽享美食了！

让我没有想到的是，按照我教给她们的吃法，她们娘俩不到一周的时间就将臊子都吃完了。由于孩子不喜欢到外面的饭馆吃饭，只能在家里将就。但是孩子妈妈又不会做饭，无奈之下只能熬大米粥让孩子喝。但是习惯了西北口味的孩子不太喜欢喝粥，特别是连续多日每天早中晚都是粥，让孩子苦不堪言（孩子妈妈只是把大米和着水煮，不加任何佐料，也不知道加什么、怎么加，所以味道可想而知）。

连续多日的喝粥生活，让孩子终于受不了了！

有一天，孩子打通了我的电话，带着哭腔说：

"爸爸，你快回来吧，你再不回来，我就成'粥人'了！"

"啥意思呀？"

"你做的臊子，我们早就吃完了。妈妈每天给我熬粥喝，我实在受不了了，你快回来吧！"

"再坚持几天吧，爸爸很快就回来！"

几天之后，我回到了家，和孩子进行了一次谈话。

我告诉她：如果自己不能学会做饭的话，那以后这样的情况就会经常发生。如果要避免这样的事情发生，从现在开始，我教你做饭。当然，如果你不想学做饭，我也不勉强！

有了刻骨铭心的"粥人"体验，孩子痛快地答应了！

从此，我开始教孩子做饭。从教她炒大肉白菜到做拉面，从炒土豆丝到包饺子，从做油馍到做包子，从做辣白菜到做麻花、腌咸菜、做面片……我教的种类越来越多，孩子学会的也越来越多了。

为了进一步提高做饭的技艺，她每个学期都会选北京十一学校开设的烹饪课。遗憾的是，一直到高三毕业，她都没有选上。因为这门课太火爆了，选择的学生太多了。

现在，孩子再也不会因为我不在家而为吃饭发愁了。有时候，她还向我挑战，说她炒的菜比我炒的好吃。看她这样的劲头，我也"甘拜下风"，她妈妈也随声附和，说她做的比我做的味道更好（实际上她的做饭技艺只是刚刚入门），这种称赞更加激发了她做饭的动力。

我们经常听到有家长说孩子好吃懒做，说自己多么辛苦，孩子从不体谅，殊不知，这一切，大多可能是由家长自己造成的。

孩子学会做饭，等于掌握了一项生活技能。这对于孩子而言，未来的生活品质就会高于其他孩子。

孩子学会做饭，更能体会爸爸妈妈日复一日、年复一年做饭的辛苦。当然，现在很多爸爸妈妈也不做饭，常去饭店吃，或者点外卖。对此，我建议，尽可能不要常去外面吃饭，就在家里自己做，这不仅仅是省钱的问题。

孩子学会做饭，能让他学会珍惜，减少浪费；也能增强他的自信，这对于做其他事情是有帮助的。

很多情况下，我们需要给予孩子的不仅仅是物质上的满足，更是精神上的营养。

爱孩子，请着眼于孩子的未来，选择"另外一种方式"！

教育孩子养成做事细心的好习惯

大概、也许、可能、差不多、基本上……

"我会，就是马虎了。""我懂，就是不小心。""我明白，就是大意了。"……

很多孩子做事粗枝大叶，马马虎虎，大而化之，造成的结果一再让家长失望。

家长可曾思考过，孩子做事不细心，与自己的教育到底有啥关系？

教育和帮助孩子养成做事细心的习惯，对孩子一生的发展都极其重要！

每个家长都知道这样的道理：做事细心，就会更少出现错误；注重细节，那就极大地保障了成功。一个个漏洞被放过，将会导致成功路上的千疮百孔；一个个细节被忽视，将会造成成功路上的千沟万壑。"千里之堤，毁于蚁穴"，所言极是。

成功是由一个个细节组成的。成功者往往不是大的环节上做得多好，而是小的细节上少犯错误甚至不犯错误，尤其是避免低级错误。

我们发现，有的孩子做事很马虎：今天数学作业漏做了一道题，明天忘记交语文作业了；今天铅笔丢了，明天书本找不到了；嘴里说的是5，写出来就是8；脑子反应很快，下笔就出错，而且是很简单的错误……这样的现象比比皆是。

在女儿成长路上，培养她做事的细心细致，我们下了不少功夫。

女儿上小学的时候，老师要求的事项比较多，女儿每天回来会告诉我们这些事项，但是由于我们的工作很忙，很难记住那么多事。因此，女儿偶尔会出现丢三落四的情况。

二年级时的一天早晨，女儿到了学校后给我打电话，说铅笔盒忘带了，让我给她送到学校去。

学生上学忘记带笔，这和士兵上战场没有带枪有何区别？这是我所不能容忍的。

由于上午一直比较忙，中午我才回家把她的铅笔盒取回来，给她送到了学校。同时，我严肃地告诉她，这是我最后一次给你送东西，自己该带的东西以后必须自己带上。

为了巩固中午提醒的效果，晚上女儿回家后，我再次跟她谈：以前，你的很多事情是爸爸妈妈给你安排好的，可能是爸爸妈妈包办得太多，这不怪你。但是，从现在开始，你要自己把自己的事情做好。从现在开始，如果自己的事情你没有做好，你要自己承担后果。爸爸妈妈不会再跟在你后面"打扫战场"！

为了帮助她养成不丢三落四的习惯，我告诉她：从现在开始，你要养成记事的习惯。专门用一个记事本，把每天要完成的作业、第二天要带的东西、老师提醒的事项等一一记录在记事本上。这样的话就有据可查：每天回来，做完每一项作业，就在后面打钩；第二天要带的东西，都提前装好；老师提醒的事项，完成一个，打钩一个。这些事项都打钩了，等于事情全完成了，也就避免了丢三落四的情况出现。

在刚开始培养习惯的过程中，我们每天检查女儿的记事情况，后来进行不定期的检查，久而久之，她就养成了不再丢三落四的好习惯（刚开始女儿会写的字不多，就把很多事项按照她的理解画在记事本上）。

我经常拿我的经历告诉女儿：我不是一个聪明人，但一定是一个细心的人。我从来不丢东西，我出差不会忘带东西，因为我会把所有要拿的东西都记在一张纸上，直到全部拿齐。

在我们的不断影响和女儿的持续努力之下，她做事认真严谨的习惯逐渐养成，基本上没有再发生过丢三落四的情况。甚至在我的印象中，她都没有丢失过东西。

细心是一种习惯，与性格有关系，但我认为，绝大多数不是天生的，完全可以通过后天的培养习得。

在培养孩子的细心细致方面，家长不妨尝试一下：

一是强化孩子做事的责任心。

责任心是做好一件事情的前提，没有责任心，对什么事情都敷衍塞责、马虎了事，必然做不好。有了责任心，才会谨慎行事，细致认真，不容懈怠。在这方面，需要有奖励和惩戒的措施，以保证在有限的时间内提高完成的质量。

二是培养集中精力做事的好习惯。

有的家长，不管孩子是不是正在学习，都把电视机开着，或者自己打牌搓麻将，这些做法都会对孩子学习的注意力造成干扰，使他不能专注于自己的学习任务。有的孩子放学回家以后边看电视边写作业，或者耳朵上戴着耳机，一边听音乐，一边做作业。有的孩子在写作业的过程中，一会儿喝口水，一会儿吃东西。"一心不可二用"，这都会分散孩子的注意力，影响孩子的学习效率。

只有心无旁骛，集中注意力，才能保证少出错误，提高效率。家长应该以身作则，做好自身的改造，同时尽量消除影响孩子的因素，教育和督促孩子在规定时间内专注于某一项特定的学习任务。

三是养成记事和检查的习惯。

对于一些丢三落四的孩子，家长要给予更多锻炼的机会，除了不要包办、对孩子放手之外，可以尝试着让孩子养成记事的习惯。在此基础上，对所有已经完成的任务进行检查，看看完成得怎么样。这种检查刚开始由家长来完成，此后要逐渐把检查当作孩子的一项任务，让孩子去完成。规范孩子的做事流程，就会逐渐改掉孩子"忘掉了"的毛病。

四是对孩子给予积极的心理暗示。

家长们可以经常反思，自己有没有反复地当着孩子的面说："你就是一个马虎蛋！"是不是当着孩子的面对别人说："只有在我盯着他时，他才能专心学习。"如果有这样的情况，孩子可能已经接受了不良的心理暗示，认为自己就是一个马虎蛋，自己就需要别人盯着，从而固化了自己的不良行为。

家长应该选择孩子可接受的方式，及时地予以鼓励。比如说："今天我发现你比以前更细心了。""最近我感觉你常犯的那些小错误都没有了。""老师反映你做事比以前认真了。"或者在他人面前，表扬孩子做事的认真和细心，以此强化积极的心理暗示。

克服粗心大意的毛病，将最平凡的事情做到极致，那就是一流；养成细致认真的习惯，将最简单的招数练到极致，那就是绝招！

细心，应该成为孩子做事的常态！

家庭教育的重要一环——常抓习惯的培养

我们都知道习惯的重要性。那么，应该培养孩子的哪些习惯？应该如何培养孩子的习惯？

家长厘清了基本的思路，采取了正确的方式，就可以培养出孩子的良好习惯。

事实上，抓住了习惯培养这个根本，就抓住了家庭教育最有效的一条途径。

《现代汉语词典》中解释说：习惯，是在长时期里逐渐养成的、一时不容易改变的行为、倾向或社会风尚。

简而言之，习惯就是习以为常的行为，是一种稳定的自动化的行为，是经过反复练习而养成的语言、行为、思维等模式，是人们头脑中所建立起来的一系列的条件反射。

习惯的重要性已经为很多名人所阐释。

俄国教育家乌申斯基说："好习惯是人在神经系统中存放的资本，这个资本会不断地增长，一个人毕生都可以享用它的利息。而坏习惯是道德上无法偿还的债务，这种债务能以不断增长的利息折腾人，使人最好的创举失败，并把他引到道德破产的地步。"

著名教育家叶圣陶先生曾说："什么是教育？简单地说就是养成习惯。"

哲学家培根说："习惯真是一种顽强而巨大的力量，它可以主宰人生。"

美国心理学家威廉·詹姆斯说："播下一个行动，收获一种习惯；播下一种习惯，收获一种性格；播下一种性格，收获一种命运。"这就是说习惯可以决定一个人的命运。习惯是一种自动化的行为、潜意识表现的行为。命运的基石就是养成习惯的行为。

好的习惯和坏的习惯对一个人的不同影响天差地别。

以前，在担任班主任的时候，我亲眼观察过两个孩子的表现。

一个女孩子进了教室后，把外套脱下来，折叠整齐后挂在椅子上，然后出去上了卫生间，并打好了水。回来之后，在不到一分钟的时间内，把语文、数学、英语三科作业全交齐了——能看出她是一个做事很有条理性的孩子。

一个男孩子进了教室后，把衣服直接扔在座位旁边的地上。

我大惊失色："你怎么把衣服扔在地上呀？"

"我平时就这样呀！"孩子说。

我有点疑惑："那衣服不就脏了吗？"

"没事的，脏了我妈妈洗！"孩子理直气壮。

事后我了解到，这个孩子在家也是脱了衣服随手扔，妈妈帮着收拾。家长给孩子洗衣服之前，从来没有了解过孩子的衣服是怎么脏的，也没有做过任何提醒。

扔完衣服后，孩子开始在书包里翻作业，翻了三分钟还没翻到，最后把书包里的东西都倒出来，开始双手刨……

我一看这架势，心想：这孩子，麻烦了！

后来我又观察了这两个孩子做值日的表现。

在拖地之前，女孩去浸湿了拖把，然后用脚在地漏处把拖布上的水踩干了，拿到教室，开始一板一眼地拖地。看她拖地的那一招一式，很是训练有素，看起来她在家里已经做得很熟练了，已经形成了习惯。

男孩把拖把用水一冲，然后直接扛在肩上扛回来，一路上水滴滴答答地滴个不停。到教室后，人在前面走，拖把在后面拉着。他在教室走了一圈，然后告诉老师他拖完了。

期中考试结果出来后，我发现，在960多名学生中，那个女孩排名年级前50，男孩在倒数30名之内。

因此，在一定程度上可以说，孩子的做事习惯和学习成绩之间是正相关的！

结合自己的学校教育实践，我特别注重对女儿习惯的培养。

一是培养良好的生活习惯。

比如，餐前便后要洗手；吃饭时要安静；不浪费食物；要按时作息，不影响他人休息；要衣着整洁，讲究卫生；节假日生活安排科学合理有规律；物品摆放要整齐、有序等。

二是培养文明的行为习惯。

要求孩子见到认识的人必须主动问好；乘车排队安静有序；在公共场所讲文明，有安全意识；上下楼梯轻声慢步靠右行，懂谦让；爱护环境，看见垃圾能主动捡起；活动时不追逐打闹、大声喧哗等。

三是培养优秀的学习习惯。

语言习惯、思维习惯、专心听讲的习惯、认真书写的习惯、独立完成作业的习惯等都属于学习习惯。

包括上课认真听讲、回答问题声音洪亮、落落大方，读书、握笔姿势正确，积极思考、不懂就问，作业保质保量独立完成等。

培养好的行为习惯，必须在以下几方面下足功夫：

第一，要抓住时间上的关键期。

所谓时间上的关键期，是指习惯培养的最佳时期。如果在这个年龄段对孩子实施某种习惯培养，可以事半功倍。培养良好习惯的关键时期是幼儿和小学阶段，其次是初中阶段。打个比方，孩子年龄小的时候就像熔化了的铁水，可以浇铸成各种各样的形状。等孩子长大了，铁水已经变成了铁块，再改变就极其困难了。

因此，习惯培养极为重要的一个环节，就是抓住关键期，提前培养孩子养成各种良好习惯，以便为日后的学习和工作打下坚实的基础。

第二，保证措施上的持续性。

行为主义心理学认为，一种行为重复21天就会变为习惯动作，而

90天的重复会形成稳定的习惯。就是说，一个习惯的形成，一定是一种行为能够长期坚持的结果。而培养孩子养成好习惯，关键在开始的一个月。过了这一个月，孩子就能够养成初步的习惯。

第三，激发心理上的内动力。

必须让孩子意识到每一种好习惯的养成对自己的意义。在孩子刚上小学的时候，我就拿出我当年中学时摘录的 10 多本笔记，并告诉她，这种摘录对于提高我的写作能力起到非常重要的作用。

第四，必须激发孩子的兴趣。

记得女儿小时候，我们（尤其是她妈妈）经常给她读书讲故事，久而久之，女儿对书籍、故事产生了兴趣，喜欢上了阅读，继而养成了良好的阅读习惯。

习惯的养成是日积月累的结果，应从"大处着眼，小处着手"。良好的习惯一旦养成，将会成为孩子一生受用的宝贵财富。

日本近代教育之父福泽谕吉说："家庭是习惯的学校，父母是习惯的教师。"

培养一个优秀的孩子，最有效的途径就是从培养习惯做起。抓住了习惯培养这个根本，就抓住了家庭教育最有效的途径。

如何培养有品德、有礼貌的孩子

品行教育是家庭教育的首要内容

相对于学业成绩，品行教育在有的家庭中一再被弱化。

没礼貌、缺诚信、少孝心……在很多孩子身上都有显现。

走向社会后，我们发现，学业成绩并不是最重要的，品行是最为人看重的。

品行教育真的应该成为家庭教育中至关重要的课程！

有的父母认为，只要孩子成绩好，将来就能成才，就能干大事，其他的教育都是小事。

这完全是一种错误的想法。孩子成绩好，固然是好事。但是，如果孩子品行不端、没有礼貌、不讲诚信、缺乏孝心……长大以后，不但无法帮他在事业上走向成功，反而可能成为他成功路上的绊脚石。

比如名校博士霸座事仵、名校大学生"硫酸泼熊"事件等，都是最好的例证。

在很多家庭中，家长普遍比较重视孩子的学习成绩，而对孩子的品行教育存在着逐渐弱化的趋势。

在女儿成长的过程中，我们尤为重视她的品行教育。如果说在她的学习成绩上可以放松要求的话，在品行教育方面，则是绝对不可以讨价还价，都是以最高的标准去要求。

女儿在上小学的时候，可能是受到一些小伙伴的影响，偶尔会说出不文明语言，这让我们很是震惊，因为作为父母，我们从来不说这样的话。经过了解，是小伙伴这样说，她也就跟着学会了。

这可不是小事！

我们与女儿进行了严肃的谈话，告诉她：任何情况下，不管别人说什么，首先你要做到语言文明、不说脏话。因为语言代表着自己的修养，语言不文明，别人会认为你是一个没有修养的人，你这是在自毁形象。语言也体现了家庭教育，语言不文明，别人会认为你的父母是粗野鲁莽的人，你这是影响父母的形象。你去外地，你的语言代表的是北京孩子的形象；你去国外，你的语言代表的是中国学生的形象。

这次谈话，对女儿而言是刻骨铭心的，从此之后，她在这方面对自己进行了严格的要求。

还有一件事情，也给我留下了深刻印象。

女儿在上初一的时候，有一次写了一首小诗，她很自豪地发给我看，希望得到我的表扬。我一看那首小诗，写得很棒，完全出乎我的意料。

当时我的第一感觉是，这首小诗不是她写的。凭我对她的了解，她的文学积累、她的感悟能力等还没达到那么高的水平。

在这种直觉的驱使下，我在百度上查找了一下她写的小诗。

果不其然，与我的直觉一样。她抄袭了网上的作品。

在当天下午和女儿一起回家的路上，我和女儿之间有了如下对话。

"爸爸，你看了我写的诗了吗？"女儿以为我不知情。

"我看了！"我很平静地回答。

"我写得怎么样呀？"女儿兴冲冲地期盼着我的夸奖。

"这首诗写得是不错。可我在网上查到了和你写得一模一样的一首诗！"我没有直接点破。

女儿低下了头，一时语塞。

在接下来的交流中，我了解到，女儿感觉那首诗很好，同时又很渴望得到我的表扬，于是就把那首诗抄下来，说是自己写的。

我告诉女儿：你渴望别人的表扬，说明你是一个积极向上的孩子，但是通过这种方式获得表扬，是极其错误的。因为这涉及一个人的诚信问题。诚信是一个人最重要的名片！如果做人不诚实，可能一时可以达到目的，但是最终会失去别人的信任，成为孤家寡人，成为不受欢迎的人。我可以容忍一个孩子其他方面的任何错误，可唯一不能容忍的，就是不诚实。当然，这属于成长中的问题，爸爸可以原谅你，我也相信你一定会改掉这个毛病，成为一个让人信任的孩子！

这件事情之后，女儿深刻认识到了诚实的重要性。无论什么事情，她都不会对我们隐瞒，都会告诉我们。很显然，我们对她施行的针对性教育起到了很好的作用。

家庭教育中，品行教育是首要内容，其重要性远远高于学业成绩，家长应该倍加重视。

不孝敬、不节约、不诚实、不礼貌的行为，欺负别人的行为，小偷小摸的行为，言而无信的行为……这些行为都应被一一列入品行教育的"负面清单"。

要让孩子明确品行方面的行为标准，即什么样的事情可以做，什么样的事情不能做。

不可以做的事情要给孩子讲明原因，讲明对其成长的利害关系。同时，要教会孩子判断，学习他人的良好行为，抵制不良行为的影响。

对孩子不同年龄阶段可能出现的品行问题可以进行前瞻性教育。

随着了解信息的增多和交往圈的扩大，孩子在不同年龄阶段会接触到不同的同学，可能会出现不同的品行问题，因此，可以对孩子进行提前警示教育。

对孩子已经出现的不端品行的管束和纠正要有权威。

管束的时候，让孩子知道你是严肃的，是不可以讨价还价的，你的要求是必须要做到的。在这个过程中，父母要保持教育的一致性，帮孩子建立统一的行为标准。爸爸或者妈妈即使对对方的管束有异议，也最好在孩子不在场时再进行讨论。

要学会及时鼓励孩子的良好品行。

当孩子有了良好的表现时，不要视而不见，而应及时夸奖，以达到激励和强化的作用，帮助孩子形成一种习惯，内化成自身的一种品质，为孩子将来走向社会、为人处世打下基础。

父母要为孩子树立良好的榜样。

父母要培养孩子的良好品质，首先要给孩子树立这方面的榜样，以此影响和感染孩子。如果父母自己没有做到，而要求孩子这样做，不仅起不到教育的作用，反而会引起孩子的不满和逆反情绪。

孩子的心灵是一块神奇的土地，播上思想的种子，就能得到行为的果实；播上品德的种子，就能得到命运的果实。加强品行教育，是孩子健康成长的重要保证，将有力地助推孩子走向更大的成功！

家庭教育中的礼仪教育不可弱化

一个不懂礼仪的孩子，将很难融入集体，很难获得归属感。

一个不懂礼仪的孩子，将无法得到大家心理上的认可和支持，自然也就无法在未来取得很好的发展。

对孩子进行礼仪教育，家长的高度重视、精心设计、长期实践和榜样示范缺一不可。

家长必须认识到礼仪对孩子成长的重要性；

家长必须以孩子可接受的方式精心设计礼仪教育；

家长必须对孩子的礼仪培养进行反复实践；

家长在礼仪方面的榜样示范作用极其重要；

强化孩子的礼仪意识，应该自小就要开始。

从一个很久以前的小故事说起。这个故事讲的是一个成绩普通的毕业生，到一家著名的企业进行面试的时候，扶起了倒在企业办公室门口的拖把，被企业直接录用。原因是，在当天所有的求职者中，只有他扶起了拖把。其他人中虽然也不乏成绩优秀、履历丰富、经验超群的人，但是，只有这个成绩平平的毕业生经受住了企业的礼仪考验。

我想，如果一个人看见自己家里的拖把倒了，是会扶起来的；如果不是自己家里的拖把，能扶起来的人就比较少了。而实际上，在不是自己的分内之事面前，往往更能表现出一个人的真实状态。

从企业角度，更深层次的理解是，如果一个人能把企业的事情当作他自己家里的事情去做的话，那工作一定是可以做好的，因为他会尽自己最大努力去做。从这个角度讲，录用这个成绩平平的毕业生就理所当然了。

小小的一个考察背后，却能反映出企业所需员工的必备素质。

下面这个真实的故事，同样也与礼仪问题有关。

有一家世界 500 强公司招聘员工，来了很多国内知名大学的应届毕业生。但是，面试结束后，公司录用了一个看起来并不是十分出色的学生。究其原因，竟然是在众多的学生里，只有这个学生是双手接名片的，并且在接待员给他递水杯时，他接过水杯说了声"谢谢"。

很多年轻人在应聘时并不清楚面试官要考察的是哪方面的能力，所以会尽其所能地展示自己的才华，但有时不经意中表现出来的急功近利反而让他们失分不少。在面试过程中，良好的修养和因修养而展现出的彬彬有礼至关重要。因为，知识可以学，能力可以培训，但这种修养绝不是一蹴而就、可以突击的，它是从小培养而成的一种行为习惯。

这样的真实故事真是太多了，礼仪的重要性也不言而喻。

在女儿艺卓成长的过程中，我们从未放松对其礼仪意识的培养，或事前教育，或事后提醒，我们都会有意为之。

由于交友广泛，我们时常会有朋友聚会，特别是假期回老家后，同学、朋友、师长、亲属等之间的聚会很多，一般情况下，女儿也会和我们同行。

在女儿还没上小学之前，参加我们的聚会时，女儿都和我们坐在一起，座位的座次也没有特别讲究。但是在女儿上小学之后，参加聚会时，我们就会提前告知女儿一些基本的就餐礼仪：

不管聚会的主人把我的位置安排在什么地方，你要始终记住自己的位置，就是主宾座正对的位置。

就餐时，如果其他人不动筷子，你不能动筷子，你应该是最后一个动筷子夹菜的人。

餐桌上的每一道菜都应该品尝，但绝对不能遇到自己喜欢的菜就自己全吃了。

服务员不在场的时候，你要观察餐桌上的茶水情况，及时给大家沏茶倒水。

......

在提前对女儿进行了教育之后，就能明显感觉到女儿会有意识地控制自己的行为。当然，有时候女儿也会忘记一些礼仪，比如，上来了一个菜，她下意识地想先夹这个菜，我就会咳嗽一声（这是我提醒她的暗号），她就马上意识到了；还比如在吃的过程中，她忘记了帮大家沏茶倒水，我就会说："卓卓，来给我倒点儿水！"其他人要给我倒水的话，我就会说："我们家都是孩子倒水的！"女儿想起来之后，就会赶紧起来给大家依次沏茶倒水。

在去亲戚朋友家做客时也是如此，我会提前告诉她该怎么称呼他们，应该注意哪些礼仪。一旦孩子忘记了，就会适时地提醒她。

这样的情况多了，久而久之，孩子就形成了习惯。

这样的礼仪习惯在真实生活中经过反复实践，就形成了她下意识的行为。

对孩子进行礼仪教育，家长的高度重视、精心设计、长期实践和榜样示范缺一不可。

家长必须认识到礼仪对孩子成长的重要性。

一个不懂礼仪的孩子，将很难融入集体，很难获得归属感。一个不懂礼仪的孩子，将无法让大家从心理上认可和支持，自然也就无法在未来取得很好的发展。

家长必须以孩子可接受的方式精心设计礼仪教育。

第一，让孩子明确礼仪对自己成长的重要性。因为关系到别人对自己的评价，关系到自己的发展，孩子往往会特别在意。

第二，在事前要做必要的提醒和教育。很多情况下，孩子并没有礼仪意识，因此家长的教育和提醒极其重要。

第三，发现问题，必须及时补救。不要当面指责孩子，可以采取灵活的、孩子乐于接受的方式纠正。

家长必须对孩子的礼仪培养进行反复实践。

不要认为对孩子说过一次，或者仅仅让他做一次，就能使孩子养成好的礼仪习惯。

"知道——理解——做到——固化"，这是礼仪教育必须要经历的一个基本过程。从知道到理解，需要的是真实场景和真实案例的触动；从理解到做到，需要的往往是日常实践的机会；从做到到固化成习惯，需要的更是持续的多次的提醒。只有固化成习惯后，才能成为孩子自觉自愿的下意识的行为。

家长在礼仪方面的榜样示范作用也极其重要。

如果父母是行为粗鲁的人，很难培养出一个彬彬有礼的孩子。有一句话说得好，家庭教育的最高境界是父母活出让孩子钦佩的样子。家长的言谈举止、待人处世，其态度、其行为，无时无刻不在影响着孩子。

有志者，事竟成。家长只要用心，只要坚持，就可以培养出彬彬有礼、让人喜欢的孩子。

如何教育孩子正确交友

教育孩子理智选择朋友

相对于学习而言，教育孩子如何交友却是很多家长容易忽略的问题。

殊不知，交友问题对孩子的成长也极其重要。有时候其重要性要远远超过孩子的学习。

如何交到好的朋友？如何拒绝坏的朋友？这需要家长不断思考，并帮助和教育孩子。

在一个人成长的过程中 好的朋友的作用毋庸置疑：分享你的快乐，分担你的痛苦，帮助你提高，督促你进步。交到一个好的朋友的确会使自己受益匪浅。但是，如果交到一个不好的朋友，则可能会贻误一生。

如何帮助孩子理智选择一个朋友？如何帮助孩子解决交友中的疑虑？这些问题是每一个家长都需要思考的。

还是从女儿艺卓说起。女儿在成长中，也曾遇到过交友的困惑。

女儿在上小学的时候，班上有个女孩和她关系不太好。有一次，这个女孩在同学面前大声说："你以为大家喜欢你吗？班里同学都不喜欢你！"这个女孩的几个朋友也跟着起哄，女儿委屈地哭了。

回家后，女儿将这件事情告诉我，希望求得我的帮助。

我首先告诉女儿，这个同学的做法是错误的，其他孩子跟着起哄也是错误的。

接下来，我告诉女儿：如果这个同学品行有严重问题，那你就没有必要和她交朋友。如果这个同学的品行没问题，只是这次行为失当，那你就不用太计较，可以宽容她的这一次错误，继续和她交往。

孩子将信将疑地答应了。

第二天，女儿还像没事一样和那个女孩正常交往，那个女孩也意识到了自己的错误，两个人的关系逐渐亲近起来。后来两个人成了很好的朋友，还经常一起写作业，一起出去玩。

女儿在初一的时候，又交了一个朋友。但是，那个朋友对学习的兴趣不高，经常喜欢到处瞎逛，把很多学习时间都荒废了。如果女儿不陪着她，那个孩子就不高兴。

为此，女儿很是苦恼，她既不想失去这个朋友，也不想荒废学习时间。两难之下，问计于我。

我告诉女儿，如果你能影响她，一起充分利用时间学习，那你就继续和她交朋友。如果你不能影响她，她反而会影响到你的进步，那这个朋友不交也罢。放弃这样的"朋友"，不但不是坏事，反而是一件好事。

女儿接受了我的建议。

两周之后，女儿告诉我，她把这个同学成功地"改造"过来了，两个人仍然是好朋友，后来她们经常在一起学习。这正是我希望看到的最好的结果。

在女儿朋友圈扩大的过程中，我适时地告诉她：

朋友就是在你人生的路上，特别是在你遇到困难的时候，伸手提供帮助而不是漠不关心的人；在你取得成绩的时候，陪你一起欢乐而不是嫉妒你的人；在你最痛苦的时候，给你力量而不是落井下石的人；在你犯错误的时候，能直言不讳指出而不是替你掩盖的人。你要以此判断一个人适不适合做朋友。

同时，你要注意"君子与君子以同道为朋，小人与小人以同利为朋"（欧阳修），朋友之间，最重要的不在于物质和金钱，在于相互关心、理解、帮助、支持。你应该"交有德之朋，绝无益之友"（唐太宗）。

以此作为选择的依据，你就可以交到帮助你成长的知心朋友。

2018年暑假，我和大学时期的几个同学一起聚会时，女儿也参加了。在一起聊天的过程中，当她了解到我们为生病的同学发起救助，一起捐款，最后使同学恢复健康的情况后，女儿感慨：你们的同学情、朋友情，真的让我太震撼了！

每年回老家的时候，女儿也经常会随我去朋友家。看到我和农村的朋友亲密无间，彼此真诚相待、互相帮助时，她的交友观也潜移默化地受到了影响。

下面这些话，也许有点儿夸张，但对于交友的重要性来说，确实有一定的道理：

"一个人的价值来源于他的选择——一根稻草，扔在街上就是垃圾。如果与白菜捆在一起就是白菜价，如果与大闸蟹绑在一起就是大闸蟹的价格。我们与谁捆绑在一起，这很重要。"

难道不是吗？一个人与不同的人为伍，也会体现不同的价值！

家长在教育孩子的过程中，需要及时关注孩子的交友范围，帮助孩子甄别好坏朋友，树立正确的交友观。

家长要帮助孩子明确：交友的目的应该建立在互相学习、互相帮助、共同提高、共同发展上。这是区分益友、诤友和损友的标尺。如果交友的目的仅限于吃喝玩乐，这是很低层次的。这样的友谊并不牢固，也会大大限制孩子的发展。

家长要帮助孩子把握：交友应该建立在平等的基础上。朋友之间地位平等，没有高低之分，没有贵贱之别。与利益无关，与身份无关。

家长要正确指导孩子把握朋友之间的宽容度。对非原则性的、无意为之的不当行为要宽容，对原则性的、有意为之的伤害行为要坚决说"不"。

孩子在成长的过程中，善交益友，不交损友，乐交诤友，是一门重要的家庭教育课程。

如何培养懂得感恩的孩子

教育孩子常怀感恩之心

您认为培养孩子的感恩之心重要吗？

您认为感恩之心对一个孩子而言意味着什么？

您的孩子是一个有感恩之心的孩子吗？

为了培养孩子的感恩之心，您采取过哪些措施？效果怎么样？……

这些极其重要的问题，往往被家长一再忽略。

我们常听到有的家长抱怨自己多么辛苦，但自己的孩子却从不体谅……

殊不知，这一切，很多都是家长在不知不觉中造成的。

培养孩子的感恩之心，从点滴教育行为开始！

中央电视台《对话》栏目曾经讲到了这样一个故事：一个中国留学生到美国家庭交流学习，可是刚去不久，美国家庭就要求退回这个中国留学生。究其原因，原来是这个留学生在美国生活的这一周里，虽然美国家长对他进行了精心照顾，可这个留学生连一句"谢谢"都没有说过。

进一步深入了解后发现，这个留学生的家庭教育存在很大的问题，家长从未对孩子进行过任何感恩教育。他在原来的家庭环境中，认为爷爷奶奶、爸爸妈妈为他做的任何事情都是理所当然的，都不用说"谢谢"。

遗憾的是，他的家长也从未对他提出过类似的要求。

让孩子在成长的过程中学会感恩，似乎是每一个家长都认可的观点。可是，在实际的教育过程中，家长往往忽视了这一点。

受父母给予我们的传统家庭教育的影响，我们在女儿成长的过程中，比较重视这方面的意识培养和行为教育。

为了让女儿意识到我们在她成长中的付出，她妈妈从她出生开始到中学结束，10多年工夫写了厚厚的20多本日记，较为详细地记录了她成长过程中的点点滴滴。而这些日记，在女儿认识字之后，我们就常常看似无意实则有意地放在女儿能关注到的地方：或床头边，或沙发上，或课桌上。

孩子从这些无声的记录中能够体会到父母的付出，并逐渐以优秀的表现和刻苦的努力来回报。

在孩子成长过程中，如果父母的付出不以一定的方式呈现出来让孩子知道，也就弱化了孩子的感恩意识。女儿特别喜欢看她妈妈的日记。日记让她在了解自己成长经历的同时，也起到了教育的作用，对她产生了潜移默化的影响。

2014年暑假，在女儿14岁的时候，我们带着她，买了鲜花和礼物，辗转几个小时，专程去了她出生时的医院——北京市通州区妇幼保健院，去看望当年给她接生的医生和护士，让她意识到，应该对成长中遇到的人心存感激。

孩子上学之后，我们也会经常告诉孩子，老师的日常生活有什么：

备课、上课、出题、开会、家访、批改作业、批阅试卷、分析成绩、组织活动……假期中老师在干什么：总结、学习、进修、制订计划、完善方案……为了学生，老师丝毫都不能放松，一年四季，无论春夏秋冬。感受到老师的辛苦后，她也能以感恩的方式回报老师。

2013年，女儿在学校教职工子女升学获奖表彰会上的发言中说道："为了我们的成长，学校为我们创造了最好的条件，家长为我们付出了很多精力，给了我们莫大的关怀，他们并不刻意要我们回报。但我认为，在我们现在这个阶段，认真学习，提升自我，使自己成为全面发展的人，就是对学校、父母最好的报答。我希望，我们全体教职工子女都能成为无愧于父母、无愧于学校、无愧于自己的人，以此来回报父母、回报学校！"

每个暑假，我们都要回到甘肃老家，看望并陪伴我们的父母；不管路程远近，都要带着礼物，上门问候长辈……这些实实在在的行为，无一不对女儿产生着影响。

在教育工作中，每到元旦、春节、教师节等节日，我都要提醒学生给长辈、给老师发个或问候或祝福的短信（我是老师，但是我不回避让学生感恩老师，因为感恩本就是孩子应该具备的素质），希望让学生感觉到，时时刻刻对别人的付出充满感恩，应该成为做人的基本原则。

家庭是孩子人生的第一站，父母是孩子感恩教育的首席教师。因此，家长在这方面应该有所作为：

家长首先要以身作则，做感恩的楷模。

家长树立仁爱之心，常怀感恩之念；家长孝敬父母，感恩长辈，久而久之，不知不觉中就会影响孩子。

利用好孩子成长中的资源，让孩子了解到父母的辛勤付出。

事实往往是教育孩子最好的材料，将一些"闲置"的资源（如日记、视频、信件等）充分利用起来，可以达到有效地教育孩子的目的。

充分利用好一些节假日，进行具体的感恩实践。

每到父母和长辈的生日，以及父亲节、母亲节、元旦、春节、清明节、教师节、端午节、国庆节等日子时，可以让孩子自行设计这些节日（比如，不妨把孩子的出生纪念日设计成感恩父母日，因为自己出生的那一天，是爸爸最揪心的一天，是妈妈最痛苦的一天）。通过类似的活动，使孩子逐渐做到感恩父母的养育，感恩社会的关爱，感恩国家的培养。

对孩子的感恩意识进行前瞻性教育，出现相关问题后及时提醒并纠正，也是不可或缺的。

同时，对于孩子的点滴感恩行为，一定要及时鼓励，及时强化，使其成为孩子的一种习惯。

感恩教育，要从平时做起！

怎样为孩子过一个有意义的生日？

孩子生日当天，全家人在饭店定一个包间，请来三亲四友，豪吃一顿；紧接着，爸爸妈妈、爷爷奶奶、姥爷姥姥、叔叔姑姑、舅舅姨姨等一一登场，给孩子压岁钱；然后全家再去游乐场玩一天，或者看一场电影……

孩子生日当天，买一个大蛋糕，邀请亲属长辈，邀请孩子的同学，在家里热热闹闹过一个生日，然后痛痛快快出去玩一天……

这可能是很多家庭为孩子过生日的模式。

估计很少有家长想过，随着孩子年龄的增长，为孩子过生日的方式和内容也需要与时俱进。

事实上，当前，单纯以物质方式促进孩子成长的效果已经日渐减弱。

在生日这样一个庄严的时刻，用恰当的方式，赋予孩子一种责任、一些意识，可能更有意义！

每年孩子都要过生日，而为孩子过生日，亦是家庭的一件大事（尤其是城市家庭）。那生日一般是怎么过的呢？恕我大胆猜测：全家到外面大吃一顿，然后尽可能地满足孩子的要求，痛痛快快地玩一次！

可能很少有人对此种过生日的方式提出异议，但我总感觉需要做出一些改变。

在女儿艺卓6岁之前，她过生日基本也沿用了以上方式。但是，进入小学之后，我们尝试着让她过生日的方式发生一些变化。

首先，在思想上，我们会慢慢地给她渗透——她出生的那一天，在她妈妈身上发生了什么事情　由于妈妈有疝气，需要小心施行剖宫产；由于手术有风险，需要爸爸在艰难中做决断。我还拿出我发表在《幼教博览》上的文章《美妙的生命乐章从这里奏响》，让她了解她出生那个时刻妈妈所经历的种种痛苦，和爸爸所经历的心理煎熬。

在思想上有了一定的认识之后，她过生日的方式就开始变得不一样了。

我们依旧会买蛋糕，但是，她会把切开的蛋糕先端给我们吃；我们依旧会让孩子许愿，但是会告诉她，许的愿如果大声说出来，会更容易实现。这样我们会听到孩子对我们的祝福（开心快乐、工作顺利等）或是关心（锻炼身体、按时休息等）。

进入中学，以吃一顿饭的方式庆祝生日，我感觉已经有点儿俗气。因此，我们又有了新的变化。

每当孩子的生日来临，我们会为孩子准备特殊的礼物，或是一本书，或是一封信，以表达我们的期望和祝福。孩子亦会以一幅小图画、一个小制作等来表达她的所思所想。过生日的意义已经从物质层面上升至精神层面。

初中后期，尤其是进入高中，孩子过生日的方式就变成了她为我们做一顿美食，或者发给我们一首她录好的歌曲，或者为我们弹奏几首琵琶名曲，以表达她的感恩之心。

在孩子成长过程中，每一次生日，都是教育孩子的重要契机。

在这样的重要时刻，我们需要让孩子意识到：你出生的那一天，是妈妈经受痛苦的时刻，是爸爸妈妈赐予你生命的时刻！生日更应该是你的感恩日，是你生命中的感恩节！

在这样的关键时刻，我们家长需要意识到：随着孩子的长大，生日的主题、内容和方式也要与时俱进。如果还是采用小时候吃一顿、玩一次的方式，孩子可能很难学会长大，很难学会感恩，很难知道自己将要承担的家庭责任。

孩子过生日可以豪吃一顿，但是，如果豪吃一顿成了孩子过生日的全部，那就真的需要认真反思了！

小小的一次生日，承载了丰富的人生道理。没必要千篇一律，切不可等闲视之。

如何培养自立的孩子

重视培养孩子的自立意识和自立能力

有一种观点：孩子长大了，自然就有了自立意识，自然就具备了自立能力。持这种观点的，爸爸居多。

事实果真如此吗？

不是。任其野蛮生长，很难树立孩子的自立意识，很难造就孩子的自立能力。

还有一类做法：家长事无巨细，把孩子的一切都做了妥善安排，每天追在孩子后面"收拾残局"。相反，孩子一身轻松，啥心不用操，啥事不用学，因为一切由爸爸妈妈负责。

这种"保姆式"的做法，也很难树立孩子的自立意识，更谈不上培养孩子的自立能力。

如何较早地树立孩子的自立意识、培养孩子的自立能力，应该是每个家长思考并重视的问题。

有一项研究很值得现在的家长深思：

调查显示，美国的孩子平均每天劳动 72 分钟，英国的孩子平均每天劳动 65 分钟，韩国的孩子平均每天劳动 42 分钟，中国的孩子平均每天劳动 12 分钟。[①]

毋庸讳言，随着社会的飞速发展，大部分家庭的条件得到改善，加上子女数量比过去显著减少，很多家长在不知不觉中已经弱化了对孩子自立意识的教育和自立能力的培养。

在学校，我们常常会看到这种情况：

有的孩子，劳动不积极，甚至花钱让别人替自己做；

有的孩子，只重视文化课的学习，忽视体育锻炼，身体素质较差；

有的孩子，自立能力差，除学习之外，凡事都要大人操心；

有的孩子，做事丢三落四，需要老师和家长时刻提醒；

有的孩子，考试能力强，生活能力弱。

……

自立意识和自立能力不到位，会使孩子失去独立生活的能力和精神，缺乏责任感，造成人格缺陷。严重的，可能会使孩子不能适应社会生活，成为家庭的包袱，甚至将来可能危害社会和他人。

目睹很多类似的情况，也考虑到女儿作为独生子女，未来将要独自面对很多困难，独自承担很多责任，因此，我们自小就加强了对女儿自立意识的教育和自立能力的培养。

在一岁半之前，女儿先由奶奶照看，后由姥姥姥爷照看。一岁半以后，由我们独自带女儿。庄于我和爱人要上班，女儿白天就送到保姆家，由保姆照看了半年。

在此期间，虽然我们感觉很累，但是，女儿摆脱了姥姥姥爷的娇惯，

---

① 见《光明日报》2019 年 7 月 30 日 08 版《海外这样开展劳动实践教育》。

开始进入相对独立的成长轨道。

两岁零十天的时候，女儿进了北方重型机械厂幼儿园。半年后该幼儿园撤销，女儿转到了中国铁路建设总公司幼儿园，半年后该幼儿园也撤并，女儿又转到了工程兵幼儿园。

在上幼儿园的四年中，女儿经历了环境的多次变化，经历了感冒发烧等疾病的多次折磨。我们已经记不清有多少次这样的经历：晚上把女儿抱到医院看病输液，白天再带着药把女儿送到幼儿园。

虽然作为父母，我们身心俱疲，但女儿变得越来越坚强，越来越独立。

6岁时，女儿上了小学。我们每天接送女儿上学放学，持续了整整一年。从7岁开始，女儿独立上学和回家。每天中午，她还要拿着饭卡来我工作的学校食堂吃饭。

8岁的时候，女儿可以独自打车（当然，我们教给了她打车的安全注意事项），10岁的时候，她可以独立到西单图书大厦、王府井图书大厦等地方买书。同时，她还自己坐地铁、公交去学琵琶、朗诵等，并开始干刷锅洗碗这样的家务活儿，后期开始和我一起做饭。12岁的时候，自己去联系超市并进行职业体验，15岁时可以自己坐火车、飞机等。

在这样的成长过程中，女儿的自立意识一天天养成，自立能力一天天增强。现在每次外出，我们退居幕后，她走到了台前，把很多家长以为该由家长承担的事务都承担了下来。

孩子的自立意识和自立能力的培养需要家长认真思考，大胆放手，多给孩子一些机会，去磨炼、去形成。

在孩子成长的过程中，不妨给孩子一个空间，让他独自尝试处理。

当孩子有了自立意识的时候，家长千万不要去扼杀。比如，当孩子要求自己去上学的时候，家长需要做的不应是拒绝，而是教给孩子安全注意事项，并在尝试的过程中逐渐放手。

当孩子缺乏自立意识的时候，家长一定要重视培养。家庭生活中的很多事情都可以开发成为培养孩子自立意识的课程。

在孩子成长的过程中，不妨给孩子一些时间，让他自己去经历去安排。

比如，先让孩子自己安排一件事情，并给予点评，点评要鼓励为主，辅以提醒。再发展到让他自己去安排两件事情，同样给予点评，鼓励中有提醒。再发展到孩子基本可以安排自己一天的事情、一周的事情等。

在孩子成长的过程中，不妨给孩子一个问题，让他自己去寻找答案。

比如，孩子问你一个字怎么读的时候，你可以选择直接告诉他，也可以选择鼓励孩子去查字典。这样，在以后遇到不认识的字时，孩子就会自己去查字典得到答案。在孩子成长的过程中，很多情况下，我们家长要给予孩子的，应该是做事的方法性的指导，而不是直接给予孩子现成的答案。

在孩子成长的过程中，不妨让孩子面对一些困难，让他自己去解决。

比如，让孩子为家庭安排一次春节亲友的聚会活动。这里面涉及联系、沟通、协调等诸多困难。家长千万不要急于给出方案，要留给孩子充足的锻炼机会。有时候甚至可以有意地给孩子设置一些障碍，让孩子自己去解决。

在孩子成长的过程中，不妨给孩子一部分权力，让他自己去权衡使用。

孩子一旦有了权力，他做决定反而会更加慎重，因为他知道，一旦决定错误了，自己要对这件事情负责。结果无论是好还是坏，都需要自己承担。

比如，让孩子自己做主，安排一次家庭旅行。告知孩子总的预算和

旅行时长，让孩子自己购买旅行的机票、车票，自己决定住宿和吃饭的标准，自己安排游玩的行程。

在孩子成长的过程中，不妨给孩子一个题目，让他自己去创造、去实践。

比如，在爷爷奶奶、姥姥姥爷或者爸爸妈妈生日之时，让孩子设计一次生日庆祝活动。或让孩子炒几个生日小菜，或让孩子写一封生日感恩信，或让孩子准备自己设计的生日小礼物等。在类似的活动中，当孩子做错了的时候，家长千万不要着急指责，甚至直接接手操作，而应鼓励孩子：再来一次！

孩提时代是孩子自立意识、身心发展最重要的时期。家庭是孩子的第一也是终身学府，家长是孩子的第一任也是一生持续相伴的老师。家长的有意为之和持续努力，必将促成孩子的觉醒和理所当然的行动。

优秀的父母往往是守望孩子，在创造条件之后，让孩子自己主动成长；愚昧的父母往往是代替孩子做事，在全面包办之下，让孩子被动成长。

在培养孩子的自立意识和自立能力方面，希望每个家长能够自觉做好规划，主动作为！

让孩子学会选择是家庭教育的重要内容

很多孩子有"选择困难症"，究其原因，大多是家长包办的结果。

唯有让孩子参与选择，才能使孩子学会选择！

尊重孩子的兴趣，保障选择的方向适应孩子的需求。

倾听孩子的心声，保障选择的过程得以流畅地推行。

提供相应的建议，保障选择的结果科学合理且完善。

让孩子在选择中学会权衡利弊，让孩子在选择中学会正确判断，也是家庭教育的一项重要内容！

在和家长交流的过程中，家长们（甚至有不少初二、初三学生的家长）经常会问我这样的问题：

"特色体育课是应该选游泳呢，还是选羽毛球呢？"

"这周的名家大师进校园活动，您说让孩子去参加呢，还是不参加呢？"

"下周有个职业考察活动，正好与孩子的补习班课程冲突了，他应该参加哪一个呢？"

"孩子会长笛，小学时在学校民乐团，上初中后是参加好呢，还是不参加好呢？"

……

正常情况下，孩子从小学开始，就要对自己面对的很多事物进行选择。到了中学以后，他应该已经具备了一定的选择能力。

可现实是，很多孩子并没有培养出这种能力！

一个重要原因是，家长取而代之，包办或代替孩子做选择。所以，我们看到了一个个茫然不知所措的孩子。

还是从女儿的经历说起。女儿在开始学习音乐的时候，我们征求她的意见，问她想学哪一样乐器。孩子受当时热播的《西游记》中琵琶精的影响，说要学琵琶。我们愉快地答应了。因为我们深知，如果孩子没有兴趣，那一定不能学好。尤其对于只有 8 岁的女儿而言，兴趣对她的学习是极为重要的。

在女儿高考结束填报志愿的时候，我们也尊重她自己的意见，坚持专业第一、学校第二——选择她喜欢的最好的专业，把"是否名校"排在第二位。因为我们深知，这可能涉及她一辈子的"幸福指数"，而学校的知名度带给家长和孩子的"虚荣心"只能维持短短数月。在发展方向不是特别明确的时候，她最终选择了中国人民大学人文科学实验班，并在不断深入的学习中逐渐寻找自己的发展方向。

但是，据我了解，很多交由孩子去做的选择，最终都是由家长决定的。

比如，家长认为孩子如果学音乐，就应该学钢琴或者小提琴，完全依靠自己的判断，根本没有考虑孩子的感受。甚至孩子上大学填报志愿，也由家长决定，想当然地认为这个专业"挣钱多"，那个专业"没出路"，完全没有考虑孩子的兴趣。

在北京十一学校的课程选择上，我们也充分尊重孩子的决定。

因为喜欢游泳选择过游泳课，因为喜欢中国女排而选择过排球课，因为喜欢民乐加入了学校民乐团，因为想尝试表演而选择了话剧《雷雨》……

在一次次的选择中，她的选择能力和判断水平不断提升。

与此同时，我们也看到，每次在选课的时候，总有很多家长完全剥夺孩子的选择权，自作主张代替孩子选择。家长的理由似乎也成立：如果孩子选错了怎么办？

但是，有个简单的道理想必大家都明白：如果孩子不亲自动手选择，他怎么可能学会选择？他没有学会选择，如何判断自己的选择是否正确？

而事实上，孩子就是在选择的过程中，才能学会选择；就是在选择的过程中，才学会判断选择是否正确。

退一步讲，即使孩子的选择是错误的，又有多少代价呢？

这样的代价可能对孩子更有意义：他至少知道了以后遇到类似的问题，该如何做出更为正确的选择。

孩子未来人生路上面临的选择很多，作为家长，在学习和活动中要有意识地培养他们的选择能力。

尊重孩子的兴趣，保障选择的方向适应孩子的需求。

倾听孩子的心声，保障选择的过程得以流畅地推行。

提供相应的建议，保障选择的结果科学合理且完善。

孩子不应该是被动执行的机器，而应该是主动选择的主人。让孩子学会选择是家庭教育的重要内容。

如何塑造孩子的金钱观、价值观

教育孩子追求属于自己的价值

孩子在成长过程中、会有很多错误的价值观，比如，

追求名牌，认为名牌能彰显自己的身份；

讲究吃喝，认为吃喝能代表自己的价值；

花钱无度，认为金钱能显示自己的地位；

......

孩子从小树立了这样的思想和意识，对于成长来说是非常危险的！

孩子求学时代的价值观，到底应该是什么？

不断地纠正孩子的错误思想，树立正确的价值观，才能有

力地助推孩子的健康成长！

随着经济的发展和家庭收入的增加，家长对孩子物质上的给予更多了。这无可厚非。但遗憾的是，很多家长在教育孩子时却没有把握好这个度，以致在某些孩子身上出现了这个年龄段本不该出现的事情：网上疯狂购物、追求名牌……

有的孩子消费不问价格，花钱大手大脚，挥霍无度，并以此来体现

自己的价值所在。

出生于农村的我们，从小受家庭教育的影响，因此在女儿的教育上，尤其注意这一点。

女儿刚上小学的时候，我们每天都会给她一元零花钱。但是，看到有的小朋友带了很多零花钱，女儿也向我们提出增加零花钱的要求。由于当时女儿对工资还没有概念，我们就告诉她：现在爸爸妈妈的工资都是每月三十元，也就是说每天只挣一元钱。爸爸的工资每月拿出二十几块作为你每天上学的零花钱，剩下的钱和妈妈的工资一起作为我们给爷爷奶奶、姥姥姥爷的赡养费，还有我们家的日常花费。

女儿听了我们的说法之后，信以为真。在意识到我们挣钱不容易的同时，也知道了我们的工资有多方面的用途。更重要的是，她也意识到了我每天的工资基本都花在她身上了。从此，她在花钱时都要斟酌再三，也很少向我们提出物质上的要求。

在纠正了她错误思想的同时，我们进一步引导教育她：要在每个年龄阶段追求属于自己的价值。你现在穿得多漂亮、吃得多高档、穿得多时尚，都不是你自身价值的体现。因为你现在的一切花费都不是通过自身的努力获得的。因此，你不会因为这些成为同学的榜样，让同学仰慕。只有通过自身的努力获得的，才是自身价值的体现，才能得到老师的认可、得到同学的尊重。

在我们不断教育下，能明显感觉到，女儿的关注点逐渐发生变化，逐渐淡化了对物质的追求，将注意力集中到自身学习成绩的提高、综合能力的增强上。

那时候，女儿每天上学都穿着老家姑姑做的布鞋和改做的衣服（别的小朋友穿的都是买的新衣服，很少有小朋友穿自制的布鞋和改做的衣服）。有时候，有小朋友嘲笑她穿得土气，她也会据理力争。我们也从来没有感觉到她在这方面有自卑情绪。

女儿的这种价值追求一直伴随着她的整个中小学阶段。值得一提的是，现在她上了大学，这种价值观也在发挥着巨大的作用。刚上大学一周，她就已经规划好了自己的生活：英语提前一年考过四级和六级，修双学位，自习时间全部用来到相关学院蹭课等。她明白，这些都是在这个阶段自己应该努力追求的。

现在的她，已经不再需要我们做更多的思想教育，因为体现自身价值的这种意识，已经内化到她的血液中。

孩子就像一张白纸，任凭家长描绘图案。未来图案成为什么样，全在于家长的精心调色、耐心设计、细心绘制。孩子成为什么样，家长的价值引领尤为重要。

在孩子成长的不同年龄阶段，家长要逐渐引导孩子寻找并追逐属于自己的价值，不断强化自己的价值意识。

对于中学时期的孩子而言，要引导他逐渐明确自身的价值体现，比如，通过勤奋学习，取得学科方面的优异成绩；通过努力争取，获得奖学金；通过读书写作，提高自己的写作水平；参加演讲比赛，获得好的名次；参加书法比赛，得到较高的奖项；通过组织各类社团活动，提升自己的组织、协调和领导能力；通过参加公益活动，培养自己的社会责任感和奉献精神。

……

孩子明白了自己的价值追求，就会逐渐成为那种目标明确、做事主动的孩子，最终成为志向高远、脚踏实地的人，一步步实现自己的人生理想！

让孩子感受到财富来之不易

现在，很多孩子都有一种错觉：自己家里的钱取之不尽，用之不竭。

很多孩子不知道自己的父母到底干什么工作，也不了解家庭的收入开支情况，家长也没有意识到必须让孩子了解这一切。

"自己想得到的都能得到，自己的每一个要求几乎都能得到满足，自己向往的生活就是目前的家庭生活。"很多孩子感觉，努力的结果就是这样的生活。既然目标已经达到，努力还有什么意义？

让孩子知道财富来之不易，明白自己如果不努力，这样的生活将无法长久，并继续追求更高品质的生活，这才是家长应该教给孩子的东西，需要引起每个家长的重视！

在我的教育生涯中，我遇到了很多令人深思的事情。下面的这个故事是其中之一。

有一次，考试结束的铃声刚响，一个小男孩突然离开座位，没等我允许便冲出教室，到楼道的自动售卖机去购买零食饮料。我一把把他拉进了教室，等试卷交完后才让他出去。由于出去有点儿晚，他在课间没有买到零食，就不停地向我抱怨，说我耽误了他买零食饮料的时间。

这个孩子是我"直辖"的学生，下午放学后，我把他留下来，和他进行了一番交流。

　　由于他的各科成绩都比较差，我就给他讲了学习的重要性，说现在努力争取出色的成绩，将会使他有条件在未来追求更好的生活。但是这个孩子的回答让我大吃一惊："老师，您说的这些更好的生活，我现在都有呀！"这句话让我一时语塞！

　　当天晚上，我通过微信和家长了解这个孩子的情况，家长的回答更是让我瞠目结舌："我对他可好了，他晚上九、十点想吃牛肉，我都要开车带着他去吃。"家长的疑惑更是让我无言以对："我怕他在学校饿着，每周给他500块零花钱，我对他这么好，他怎么不珍惜呢？"

　　看到这一幕，我不由得回忆起了自己的青少年时期。

　　小时候，家里很穷，也就勉强吃饱，吃好是奢望；几乎没有穿过新衣服，衣服都是哥哥姐姐淘汰下来的。因此，早点儿过年是我念念不忘的期盼，因为只有过年才能吃好的，才能穿上新衣服。

　　那时候，我们每天都要干很多农活儿，感觉农活儿永远也干不完，也不知道何时是个头。

　　当时，我父母最简单、最朴素的教育观念就是：只要考上大学，找份好工作，就能吃好，就能穿好，就不用干这么多的活儿。虽然这是一个很功利化的观念，但是"考上大学能改善处境"却成了我当初追求优秀学习成绩的唯一目标。我相信，很多人当初也是为了摆脱困难的处境，追求一个美好的前途，才努力学习，有所成就的。

　　在女儿成长的过程中，有一件事情给我留下了深刻印象。

　　因为一直对女儿说爸爸妈妈的月工资加起来只有六十块钱，所以每天只能给她一块钱的零花钱，女儿很体谅我和她妈妈，因此一直没有对自己的零花钱提出更高的要求。直到有一次，女儿在北京十一学校门口玩耍，听到学校两个保安说起发工资的事情。她忍不住问保安："我爸爸每天的工资才一块钱，你们的工资怎么比我爸爸工资高很多呀？"

保安叔叔告诉她："你爸爸怎么可能每天只挣一块钱？他的工资肯定比我们高很多！是你爸爸骗你的！"

女儿将信将疑回到家，把自己刚才了解到的情况给我说了一遍。

我告诉女儿："工资最近是增长了一些。但是，还没有保安叔叔的高！"

"为什么你的工资比保安叔叔低呀？"

"我每天只是白天上班，晚上可以休息。保安叔叔白天要在门口上班，晚上还要在校园巡视，他们工作时间那么长，当然工资比我高！"

需要说明的是，虽然"我的工资比保安的工资低"是对孩子的一个欺骗，但是对于尚处于二年级、没有生活经验的女儿而言，主要是让她知道财富来之不易，可以理解为一个善意的谎言。在她刚上中学去超市体验生活时，我也给她解释过脑力劳动和体力劳动的收入差异问题，对于有了一点儿生活经验积累的她而言，也更易于理解。各位家长可酌情参考。

女儿听了之后，感觉言之有理。

"我的工资增长了，可以多给你一点儿零花钱。除此之外，爸爸妈妈的工资必须存起来。因为除了我们日常的花费之外，还要赡养爷爷奶奶、姥姥姥爷。"

看到孩子若有所思，我继续告诉她："你在学习上的合理需要，爸爸妈妈都会满足；你在生活上的基本保障，爸爸妈妈也会为你创造！在这方面，你不要有什么顾虑。但是，你希望得到的很多东西，还是需要通过你自己的努力去争取；你希望过更好的生活，还是需要通过你自己的奋斗去实现！"

几次谈话之后，可以感觉到，女儿对自己有了更高的要求，将主要精力用在了学习上，用在了自身能力的提升上。努力拼搏的精神贯穿她整个中学时期。

令人欣慰的是，一直到现在，考入中国人民大学后的女儿依然保持奋斗的激情，每天变得更加忙碌。在学校时，她除了学好自己的课程，还拿到了文学院的大一新生课表，常态化到文学院"蹭课"（每周蹭课接近十节）。课余时间，她还接了两份兼职。

无论是校内学习，还是校外锻炼，都在不断提升她的综合素质。

回顾对女儿的金钱教育，我深刻感觉到：作为家长，我们在教育孩子的时候，一定要让孩子认识到财富来之不易，必须通过踏踏实实的努力才能得到。动辄几百甚至上千元地给孩子钱，有可能会害了孩子。

如果一个孩子出门就打车，买东西不问价格，是一件很可怕的事情；如果一个孩子感觉"我家的钱取之不尽，用之不竭"，他奋斗的激情就会慢慢消失。

因为一个人想得到什么却难以得到的时候，他会想尽一切办法去努力、去争取。不知不觉间，这个"想得到却一时难以得到"的目标，就成了他奋斗的动力。

反之，如果一个人想得到什么就能轻而易举地得到，他的追求欲、奋斗欲就会大大削弱。久而久之，他就逐渐失去了前行的目标和动力。学习对于他来说就没有意义了。

家长的观念决定了孩子的思想，家长不经意的行为影响着孩子的未来走向。在物质条件日益改善的现在，在家庭收入大幅增加的今天，让孩子知道财富的来之不易，引导孩子追求自己的目标，是一门极其重要的功课。

在这方面，家长必须重视，且要有所作为。

如何培养孩子的责任感

教育孩子树立责任意识

家长对孩子的顾虑过多，包办太多，直接导致了很多孩子责任意识的淡化：该自己做的事情，能躲避就躲避，能推诿就推诿；缺乏对自己负责的思想，不清楚自己在未来应该对家庭承担什么责任，对社会承担什么责任……

家庭教育中，家长必须教育孩子对自己负责，必须教育孩子对家庭负责，必须培养孩子的社会责任感。

增强孩子的责任意识，必须成为家庭教育的重要课程，要有意识地设计、常态化地落实。

孩子的责任意识，在现在的家庭教育中有逐渐淡化的趋势，在有的孩子身上体现得尤为明显。

其表现在于：对于自己学习的目的到底是什么，孩子认识模糊；该自己做的事情，能躲避就躲避，能推诿就推诿；不清楚自己对家庭意味着什么，自己应该对家庭有什么付出；我行我素，唯我独尊……

其造成的结果就是，孩子的学习是盲目的，不知道为何要学习；孩子的态度是应付的，每天疲于应付老师和家长。

树立责任意识，培养担当精神，其重要性是不言而喻的。

2008年，我家买了房，交了首付，还贷款了60万元。这么大的事情，女儿不知道可不行，因为这是教育孩子的好机会。不能让她认为自己享受到的好生活来得很轻松。

我告诉女儿：房子是我们一家三个人住，因此，买房的钱也应该大家都出。首付你不用付了，但是，贷款你还是要付的。考虑到你现在还是个孩子，没有收入，爸爸妈妈可以先替你还款。

孩子问我们，需要还多少呀？

我告诉她，60万元贷款，你还30万元吧。

孩子说，三个人贷款60万元，每人应该还20万元。

我说，你没有交首付，还30万元贷款一点儿都不多。

孩子还是感觉还30万元太多了，一直和我讨价还价。最后，我也答应了孩子的请求，就让她还20万元。

很长一段时间内，女儿一直记得，自己还欠我们20万元。我也一直提醒女儿：你要知道将来怎么还这20万元贷款。如果将来没有一定的本事，连自己都养活不了的话，你还怎么偿还这些贷款？

我们将来真的会让她还贷款吗？

这种可能性很小！但是，让孩子有这种意识很重要。因为这种责任意识对她行为的改变有很大的作用。

让孩子知晓父母的付出，明确自己应该承担的家庭责任，对于孩子树立目标理想、增强责任担当极有意义。

2015年10月，国家全面放开了二孩政策。有一天，我和孩子妈妈也在家里说起了这个事情（实际上没有要二胎的想法，只是谈论这个政策）。

女儿听到后，与我们之间有了这样的对话：

"你们想生二胎呀？"

"我们是有这个打算呀，因为国家的计划生育政策也放开了。"

"我感觉你们没有这个必要，你们本身工作就忙，再要一个孩子，你们也太累了。"

"有这个必要呀，一是你将来在生活中遇到什么困难的话，有一个弟弟或者妹妹就可以帮助你；二是将来我们也需要赡养，你一个人赡养我们，负担会比较重，再有一个弟弟或者妹妹的话，可以分担你的压力。"

"生活中的困难，朋友也可以帮助；对于赡养问题，你们没有必要担心，我相信我有能力把你们赡养好！"

"你能保证？"我们试探着问女儿。

"绝对可以！"女儿坚定地回答。

"那你可要想好了，将来你自己的日子要过好，赡养我们的责任，你也必须承担起来。"

"放心，将来的日子，我一定要让你们过好！"

给成长中的孩子一定的压力，是极其必要的。压力之下才有奋进的动力。何况赡养父母本来就是子女应尽的责任和义务。让孩子提前明确自身的责任，有助于提升孩子对自身的要求。

对于家长而言，生活中很多事情都可以成为培养孩子责任意识的机会。这样的机会可以不断地增强孩子各方面的责任感。

必须让孩子对自己负责。

物质上养育孩子是家长在一定时期内的责任，但不是永久的责任。

这种责任到一定的时候就将结束，孩子自己的未来必须依靠自己创造。

即使家产千万，也绝对不能让孩子当啃老族！这种思想一定要渗透到孩子的骨髓中。

必须让孩子对家庭负责。

让孩子明白：作为家庭中的一员，自己既应该享受权利，也应承担一定的家庭责任。自己和父母一样有责任和义务分担家庭的所有事务。在孩子上学时期，是家庭成员共同分担；成家立业后，需要独立承担。这不仅仅是道义上的要求，更是法律角度上应该承担的责任。

必须培养孩子的社会责任感。

一个没有社会责任感的人是得不到大家认可的，一个没有社会责任感的孩子未来也不会有很大的发展。家长要教育孩子从小遵守社会公德，鼓励孩子参加社区义工等志愿服务活动。教育孩子在未来不但要有承担社会责任的思想，更要有承担社会责任的能力。

培养孩子的责任感，必将有力地引导孩子明确自己的目标追求，强化自己的学习行为，提高自身的多维能力。

培养孩子的责任感，必须成为家庭教育的重要课程，要有意识地设计、常态化地落实。

让孩子学会对自己的行为承担责任

孩子由于自身的原因出现问题，你会采取什么态度解决？

是代替孩子承担责任，还是让孩子自己承担责任？

智慧的家长在孩子出现问题时不徇私情，坚持原则；愚昧的家长在孩子出现问题时"挺身而出"，为孩子"遮风挡雨"。

家长的不同做法，将直接影响孩子对自己行为的认识。

还是从女儿的一次"违纪"说起。

女儿上初一的时候，我们为她配备了手机，但是，有一天，她违规使用手机，结果手机被导师没收了。

孩子回家之后，我和她进行了认真的谈话：

由于自己违反规定导致手机被没收，实属"罪有应得"，我们坚决支持导师没收；

由于你违反了规则，从而在一定时间内失去了使用手机的自由，对你的交流和学习造成了障碍，这是你应该承受的代价；

由于你违纪被扣分，意味着可能对你的所有评优造成影响，这也是你必须承担的结果；

另外，如果以后在手机这个问题上再次出现违规，将会遭到更为严厉的处罚，甚至失去使用手机的权利……

这次对她深刻教育之后，女儿在手机这个问题上再没有出现过违规情况。手机逐渐成为她学习的工具之一。

可是，我们在学校教育孩子的过程中，经常会发现这样的情况：

孩子升旗缺勤了，按照规定要扣分处理。家长知道情况后，不断地向老师声明迟到是客观因素造成的，与孩子没有任何关系。

孩子上课迟到了，家长总是要替孩子找出很多客观理由，以摆脱老师的扣分和批评。

孩子违反了学校的规章制度，会受到纪律处分。家长总是想尽办法为孩子开脱罪责，为学校的处分设置障碍！

家长的爱子之心可以理解。但是，这真的是爱孩子吗？对孩子的成长真的有利吗？

实际上，孩子缺勤一次升旗仪式，本不是很大的一件事情。扣一次分，权当是吸取一次教训，下次注意就可以了。

孩子迟到了，接受批评和扣分，是正常现象。孩子由此养成守时的习惯，对成长有利无弊！

孩子违反了校规校纪，受到纪律的惩处，将会使他明白不守规矩的代价，对孩子的成长何来的弊端？

总之，在孩子成长的过程中，学会为自己的行为负责，不应该成为争论的问题。

如果在孩子出现问题的时候，家长立马冲到孩子前面，用莫须有的理由替孩子开脱，孩子学会的是什么呢？

孩子学会的只有弄虚作假。孩子由此得到的收获就是：只要我出现问题，家长一定会替我解决掉。

孩子未来走向社会，家长也能这么做吗？

孩子上班迟到或者缺勤，要扣工资，家长能去单位，最终以各种理由要求单位不扣工资吗？——除非是自家开的公司！

孩子多次违规，给单位造成不良影响和损失，家长能去单位，死磨硬泡，最终让孩子安然无恙吗？——除非家长是老总！

很多孩子漠视规矩，不讲道理，胡搅蛮缠，实际上究其原因，与家庭教育中的不讲原则、不守底线有直接关系。这样的家庭教育，对于孩子的成长是极其不利的！

实际上，孩子由于自己的错误行为在学校承受的代价，要远远小于走向社会后犯错误所付出的代价。

在这类问题上，也有一些眼界长远、富有智慧的家长。

2019年6月，我们学校有个孩子翻越了学校操场护栏。我们把情况和家长做了沟通，本想让家长教育一下孩子就可以了。可家长了解情况之后，对此事极其重视，专门到学校找到老师，要求老师一定按照校纪严肃处理。

家长的态度让我深为感动：我宁愿让他现在在学校背上一个纪律处分，也不愿意让他将来走向社会后得到一个刑事处罚！

最终，在家长的坚决要求下，我们给予了这个孩子"严重警告"的处分。

后来的事实证明，这个孩子从此严于律己，违规行为在他身上几乎绝迹，学习成绩快速提升，每个老师都对他给予很高的评价。

智慧的家长在教育孩子方面是非分明，在孩子出现问题时不徇私情，坚持原则；愚昧的家长在教育孩子方面一味迁就，在孩子出现问题时"挺身而出"，为孩子"遮风挡雨"。

这两种教育，其结果可想而知。

因此，必须明确这样的底线：

让孩子在成长的过程中，学会遵守纪律，恪守规则，敬畏法律；

让孩子在成长的过程中，学会谨言慎行，防微杜渐，承担责任；

只有如此，才能培养出未来让我们踏实放心的孩子，而不是令我们胆战心惊的孩子。

如何培养孩子的耐挫力、钝感力

对孩子的挫折教育不可或缺

你的孩子经受过挫折吗？孩子遇到挫折，你一般采取什么措施？是主动帮孩子清除障碍，还是鼓励孩子勇敢面对？

对孩子进行挫折教育的过程中，家长需要做的，一定不是为孩子铺平道路，而是给予孩子更多经历挫折的机会，有时候甚至要有意地为孩子设置一些障碍。

因为不经历挫折的磨炼，人生将不会丰满，未来将留有遗憾。

很多情况下，家长会帮助孩子先行避开可能遇到的挫折，或者主动清除孩子已经遇到的挫折。因此，孩子成长过程中很少遇到挫折，或很少自己动手排除挫折。

而在现实生活中，家长也很少认识到挫折教育对一个孩子成长的重要性。因此，也就谈不上对孩子进行针对性的挫折教育了。

实际上，在成功中获得自信对一个孩子的成长非常重要，同样，在挫折中获得教训对一个孩子的成长亦不可或缺。没有经历挫折的人生，是不完整的人生，是有缺憾的人生。

古今中外的各界名人，早为我们做出了这样的判断。

　　哲学家苏格拉底说过："逆境是磨炼人的最高学府。"日本"经营之神"松下幸之助也说："逆境给人宝贵的磨炼机会。只有经得起环境考验的人，才能算是真正的强者。"面对逆境和挫折而无法超越的人，只能永久地停留在挫折面前。

　　挪威著名作家易卜生曾说："不因幸运而故步自封，不因厄运而一蹶不振。真正的强者，善于从顺境中找到阴影，从逆境中找到光亮，时时校准自己前进的目标。"逆境和挫折，是强者必经的关口。没有逆境和挫折，哪有强者的战场？没有战胜挫折的过程，何谈胜利的欢愉和成功的喜悦？

　　今天很多孩子不能吃苦　害怕吃苦。究其原因，很多父母在孩子的成长过程中，宁肯自己吃苦受累，也不愿意让孩子吃苦。殊不知，父母这样做的结果，就是诞生了很多"衣来伸手，饭来张口"的缺少自主性和吃苦精神的孩子。

　　在教育女儿成长的过程中，我也在不断回忆自己求学过程中遇到的种种挫折。我深刻感觉到，我遇到的所有挫折，不但没有阻碍我的脚步，反而磨炼了我的意志。因此，在对女儿的教育中，我亦注意对其耐挫意识和耐挫能力的培养。

　　女儿在学习朗诵的过程中，刚开始也是屡次受挫，一直状态不好，达不到老师的要求，自信心受到很大打击。

　　曾经有一段时间，女儿特别惧怕去上朗诵课程，她甚至想放弃朗诵的学习。

　　看到这种情况，我们没有粗暴地强制孩子学习，或者一气之下让孩子放弃学习，而是和孩子认真地进行了交流。

　　我现身说法告诉女儿，爸爸和妈妈的人生路上就遇到了无数的挫折。且不说当初吃不饱、穿不好、骑不了自行车（我到了高二，家里才有了第一辆自行车），很多基本的物质条件不具备，就是日常学习、生活、工作中遇到问题，都需要我们自己去解决。因为爷爷奶奶、姥姥姥爷都没有什么文化，帮不到我们。而在解决这些困难和挫折的过程中，我们的意志得到了锻炼，我们自主解决问题的能力也提升了。挫折和困难对于我们而言，就是一笔很大的精神财富。如果当初我在学习和生活中遇到的是一片坦途，可能也就无法激发我奋进的动力，也就无法取得今天的成绩。因此，在一定程度上，我们感恩挫折，因为挫折使我们得到了成长；我们没有抱怨命运多舛，因为艰苦的家境激发了我们奋斗的勇气。每一个人，只有在挫折中调适自我，积极向上，充满自信，百折不挠，才能把自己从挫折中拯救出来，成为一个更加强大的自己。

　　听了我的话，孩子好像明白了一点儿什么。

　　我鼓励她：只要你下决心，有毅力，肯努力，没有战胜不了的困难。

　　在一次次激励中，女儿逐渐克服了恐惧，针对自己存在的主要问题寻找解决方法，终于坚持了下来。在中小学阶段，她多次参加朗诵比赛，取得了很好的成绩。进入中国人民大学之后，她和同学一起，代表中国人民大学参加了第三届北京高校的中华经典诗词诵读吟唱比赛，也取得了优异的成绩。

　　特长学习如此，在文化课学习的过程中，女儿也是一样。

　　自小学开始，女儿的数学成绩一直不好，经常在低分的状态徘徊。由于在数学学习中连续受挫，女儿不但惧怕上数学课，甚至开始惧怕数学老师，对待数学作业也有"消极怠工"之嫌。

　　看到这种情况，我们没有责难女儿不用功，而是鼓励她克服心理上的恐惧，坦然面对数学学习中的困难，同时和她一起分析存在的问题，激励她只要努力，方法得当，成绩一定会稳步提高。

在我们的激励下，女儿在数学学习中克服了恐惧心理，有意识地加强了数学学习的时间投入，有问题就及时请教老师。经过不懈的努力，女儿的数学成绩逐步提高。

天道酬勤，熟能生巧。高考中，女儿的数学在发挥不尽完美、尚有少许缺憾的情况下，依然取得了 142 分的不错成绩，可以说，这是对她克服困难、战胜挫折的最好回报。

很多情况下，女儿遇到的挫折不是很多，因此，我们还会有意寻找一些困难和挫折，锻炼其耐挫力。

每年回到农村老家的时候，我们也会带着她体验农村孩子的生活，让她明白，相对于农村孩子而言，她所经受的挫折很少；让她明白，每战胜一次挫折，都可以从磨炼中得到新的人生突破和发展。

挫折是生活的一部分，每一个孩子都不可避免地会遇到。与其让孩子在将来遇到的时候无所适从，不如家长现在就主动有所作为，将其纳入家庭教育的计划。

家长应该让孩子树立不向挫折屈服的意识。

孩子在学习和生活中难免会遇到各种挫折和困难，也会遭遇很多失败和痛苦。在挫折面前，孩子可能会出现恐慌、退缩、悲哀、沮丧等情绪，这个时候，家长要做到不指责、不抱怨。要帮助孩子抬起头来，笑对挫折，鼓励孩子做出积极的反应，培养孩子勇于面对挫折的思想和抗击打能力。

家长应该创造条件让孩子在生活中经历风雨。

孩子的成长是一个不断认知、不断体验的过程，而学习和生活中的挫折是这个过程中必不可少的素材。只有经历过人生的风雨，孩子才会拥有人生的彩虹。父母不应抱着"怕孩子受苦、怕孩子受委屈"的心态，在物质上都满足孩子、在精神上对孩子百般呵护，更不应该亲自动手，一次次剥夺孩子经受挫折的机会。只有把原来给孩子搭建的遮风挡雨的"温室"拆掉，让他体验真实的风雨人生，他才会在以后的挫折和困难面前，学会自如地应对和处理，从而从容地面对未来的人生。

家长应该鼓励孩子在挫折中锻炼自己。

法国著名思想家卢梭曾说："我在很多学校都接受过教育，不过，我在其中学习最长、学到东西最多的那所学校叫'磨难'。"对于磨难，居里夫人这样说："我从来不曾有过幸运，将来也永远不指望幸运，我的最高原则是：不论对任何磨难都坚决不屈服！"其实，每一个人都可以挑战磨难，克服艰难，让自己强大起来。

客观地说，在今天这个时代，孩子物质生活方面的挫折在逐渐减少，但是精神层面上，孩子所面临的挫折却在逐渐增多。让孩子通过挫折，培养起坚韧的品格和坚强的意志，这样他才能经受住未来生活中的挫折。

家长要引导孩子敢于向挫折发起挑战。

人的一生在一定程度上就是不断战胜一个个挫折的过程。敢于挑战挫折，意味着已经战胜了挫折的一半。接下来，仔细寻查原因，认真寻找方法，坚持不懈努力，就一定能战胜挫折的另一半。

挑战挫折本身就是对心灵的一次洗礼。只要孩子心中挑战挫折的信念不凋零，他就会永远保持一颗接受磨砺的心，拥抱更加精彩的人生。

巴顿将军说："衡量一个人成功的标准，不是看这个人站在顶峰的时候，而是看这个人从顶峰上跌到低谷时候的反弹力。"

褚时健曾经是中国有名的"烟草大王"。他一手将红塔集团建成大型企业，后因贪污入狱，成为中国最具有争议性的财经人物之一。2002年，年届 75 岁高龄、保外就医后的褚时健并未消沉，而是承包了大片山林，重新开始创业，种植"褚橙"。2014 年，他登上"中国最具影响力的 50 位商界领袖"排行榜。由"烟草大王"变身"橙子大王"，人生暮年的褚时健打造了一个商界神话，成为触底反弹的典型代表。

培养一个孩子面对低谷、立对挫折的反弹力，家长也可以有所作为。

再次强调我的观点：对孩子进行挫折教育的过程中，我们家长现在需要做的，一定不是为孩子铺平道路，而是给予孩子更多经历挫折的机会，甚至有意地为孩子设置一些障碍。因为不经历挫折的磨炼，人生将不会丰满，未来将饮恨遗憾。

家长"狠"下心来，孩子才能成长！

培养孩子的意志品质

现在，随着家庭条件的不断改善，很多孩子已经没有了生存之压和生活之忧，家中的大事小情基本上不用孩子操心，因此，孩子逐渐失去了锻炼的机会，失去了意志品质培养的契机。

其导致的结果，也在学习上反映了出来。遇到难题畏缩不前，看到困难退避三舍，做事三天打鱼，两天晒网……

孩子学习成绩的比拼，就是孩子意志品质的比拼。所以，锤炼孩子的意志品质，应该引起每一个家长的重视。

意志品质在孩子成长中的重要性人人皆知，可遗憾的是，很多家长并未足够重视。

有时候，在应该培养孩子意志品质的过程中，家长却常以包办取代孩子的锻炼（孩子在努力地做一件事情，家长看着着急，干脆就替孩子做了），或者以指责打击孩子的信心（孩子做得不好的时候，家长给予的不是鼓励而是指责，把孩子继续尝试的动力也打击没了），如此一来，孩子的意志品质一直得不到培养，就品尝不到成功和愉悦，在学习和生活中遇到问题的时候自然容易选择放弃，导致最终功亏一篑。

通过接触大量的学生，我们发现，成绩比较出色的孩子，其意志品质大多更为坚强；而成绩差一些的孩子，遇到问题往往选择躲避和放弃，缺乏坚持不懈的意志品质。

在一定程度上，孩子学习成绩与解决问题能力之间的比拼，实际就是意志品质的比拼。

我与爱人只有一个孩子，未来人生路上的问题需要她自己独立解决，因此，我们在教育女儿的过程中，特别注意对她意志品质的培养。

无论是长时间枯燥地练习琵琶，还是日复一日地坚持阅读和单词打卡，我们总是积极地鼓励她，让她知道坚持对于自己每一次成功所具有的意义。女儿也总是能从阶段性的小的成功中体会到每一次坚持给自己带来的小惊喜。

女儿刚上初一参加学校的军训，当时正好赶上她生病，按照规定，她完全可以不参加军训，请假回家休息（当时女儿也有畏难情绪，不想去参加军训）。但是，考虑到相对艰苦的军训是锻炼孩子意志品质的绝佳机会，我们果断地决定并鼓励孩子一定要去参加军训。

一周的军训时间，我们没有主动给孩子打过一次电话。有人可能认为我们不关心孩子，万一孩子病情加重了怎么办？实际上这种想法有点儿多虑了，因为如果她真的病情加重不能参加军训，老师会主动给我们打电话告知的。

孩子军训回来的那天，我去学校门口接她，看着脸上、胳膊上晒得黝黑的女儿，一方面感觉心疼，一方面又感觉欣慰。因为孩子经受了一次极其珍贵的锻炼。

我们满以为孩子回来后会给我们诉说自己的委屈，诉说其他家长的关心，没想到，孩子给我们侃侃而谈的是她在军营中的收获，给我们讲述她被选拔为踢正步标兵后，在阅兵式上作为领队的精彩故事，还反复给我们表演她走正步的英姿。孩子表现出的那种成功的喜悦，让我至今难忘。

意志品质的锻炼，对女儿成长中的很多方面起到很好的助推作用。

2013 年，女儿在学校教职工子女升学获奖表彰会上的发言中说道："仰泳游到最后 25 米时，我觉得自己快要坚持不住了，我心里暗暗想，我一定要坚持下来，坚持到最后！凭着这样的信念，我硬是靠意志挣扎着游完了最后的 25 米，当我的手碰到泳壁的那一刻，我知道，我又一次战胜了自己！虽然那时候的我差点儿瘫倒在泳池……"

2018 年高考之前，女儿政治学科的周老师让高三孩子们写一写自己的愿望。女儿在黑板上写的是：拿起笔来，我就是天下第一！

高考结束后，我问女儿，每次考试后，看到成绩比你优秀的同学，你痛苦吗？失落吗？女儿坦然告诉我：看到成绩时，我首先想到的是，我下次一定要超过他们。

也正是因为有了这种从不服输、永争第一的劲儿，她才能一次次战胜自己，进而超越别人。

无独有偶，我曾经教过的一个学生也有类似的故事。

她初一参加军训的时候生病发烧，实在无法坚持的时候，才让家长接回家治疗。但是，她只在家待了一天，就要求家长把她送到军营，因为她一定要赶上最后一天的阅兵仪式。

看着行走在队伍中有点儿摇摇晃晃的她，我的内心非常震撼：一个12岁的孩子，有如此的意志品质，还有什么困难是她克服不了的？

她在学校运动会上的表现也让我赞叹不止。她个子娇小（只有1.50米），身体柔弱，看起来并不具备运动的天赋。但是，她所报的800米等几个项目都取得了前6名的好成绩。很多同学在跑了三四百米的时候，感觉难受就退下来了，还有些同学跑了六七百米甚至快到终点的时候退下来了，可是她硬是咬牙坚持了下来，最后取得了优秀的成绩。

一个人的意志品质不仅仅在体育比赛中发挥作用，在学习中也一样发挥作用。她在体育比赛中是这样，在学习上也是如此。

正是有坚强的意志品质做支撑，她初一、初二时的成绩始终保持在年级前十名。初二结束后，她顺利考入直升班。去年，她顺利地被美国的知名大学录取。

有人总结过关于钉子的智慧，值得借鉴：钉子足够尖，所以可以产生巨大穿透力；钉子在反复敲打中实现其价值；钉钉子一般需要多次才能成功。可见，一颗小小的钉子在遇到困难时，始终不退缩，坚持不懈，最后也能创造奇迹。

孩子未来的成功，何尝不是如此？

在培养孩子意志品质的过程中，家长不应无所作为，而是大有可为。需要我们家长做的是：

多鼓励，让孩子始终感受到坚持的力量；

少插手，给予孩子更多锻炼自己的机会。

有意设置"障碍"，磨炼孩子的意志，激发孩子的潜能。让孩子始终树立"坚持就能胜利"的思想。

需要家长警惕的是：不要在孩子遇到问题时，埋怨孩子"不开窍""笨死了"，抑或做出"你看谁谁谁多出色""你一点儿都不成器"之类的负面评价。

锤炼孩子意志，助力孩子发展，需要家长一起努力！

附录

哀哀父母，生我劬劳

假如妈妈没有你

妈妈 刘淑萍

宝贝儿，假如妈妈没有你，实在枉过此生了。

当你这个小生命经过十月怀胎，终于活生生地来到这多姿多彩的天地间时，妈妈的世界一下子变得多么灿烂辉煌啊！妈妈品尝到了一种全新的幸福，这种幸福滋润着妈妈的身心，让妈妈精神饱满、激情澎湃、心旷神怡。

从前，妈妈常为自己一身轻松、无牵无挂而自豪，为那些拖儿带女、家务缠身的女人而伤感。如今，你闯进了妈妈的生活，妈妈才知道有了宝宝的女人实在不比那些单身丽人和不要孩子的利落女人逊色。

因为有了你，妈妈总是心怀无限温情、无限希冀，忙也欣然，累也欣然。已经变得遥远的童年在你这小精灵身上重现了。生命的细胞在你那粉红色的小身体里奇妙地裂变、增殖。

忽一日，你玩至高兴处，"咯咯咯"笑出声，妈妈好不惊奇。

忽一日，你一觉醒来，竟翻个身仰个脖，妈妈好不欢喜。

忽一日，正在哺乳的妈妈痛得"哎呀"直叫，原来你长出了两颗小牙。

217

又一日，妈妈正在为你洗尿布，冷不丁回首，你正攀着床栏杆一点儿一点儿地站起来……

生命是这样美妙神奇！而这美妙神奇是妈妈创造的啊！

"哦、呵、呀"这简单的音符，微妙的语言，妈妈却能和你说个没完。说高兴了，你咧开小嘴笑了，两条小腿一屈一伸快活地踢蹬个不停，那情景别提多让妈妈心醉！

你哭了，那声音忽高忽低，忽大忽小，谁能听懂这特殊的语言？谁能分辨个中奥妙？只有妈妈，只有妈妈呀！

妈妈最爱凝视你熟睡的样子：舒展小胳膊小腿儿，犹如童话里睡莲叶上的拇指姑娘。一会儿伸伸腰，一会儿踢踢腿，一会儿舔舔唇，一会儿打打哈欠；小嘴儿不时地嚅动着，像在吮吸妈妈甘甜的乳汁。看！你翻了个身，多么美的睡姿啊：侧卧着身子，左手放松地伸展在小枕头上，右手托着下颚，长长的睫毛遮住了眼睑。小腿儿修长修长，小丫丫胖乎乎地从被子里钻了出来。你均匀地呼吸，散发出婴儿特有的奶香味儿，妈妈忍不住闻了又闻，亲了又亲。你这个美丽的小天使！你这个可爱的小尤物！妈妈凝视着你，就像欣赏自己刚刚琢成的一件艺术珍品！

妈妈盼啊，盼啊，盼你快快长大，好让妈妈为你穿上漂亮的衣裙，让爸爸妈妈各牵一只小手漫步在公园里，在人们艳羡的目光里，用彼此的心跳许下爱的诺言……

妈妈生活在幸福的盼望里，生活在快乐的忙碌里，日子灿烂无比。

亲朋好友说妈妈足足胖了 10 斤，体态略显臃肿。是啊，妈妈整天洋溢在幸福快乐中，自然胖了。另外，为了哺育宝宝，让奶水中营养充足，妈妈使劲儿吃高蛋白厚脂胺的食物，顾不得苗条身材。不过没关系，杨贵妃还以肥为美呢！妈妈虽然胖了，但皮肤白皙，脸色红润，所有好久不见的朋友都夸妈妈青春美女变风韵少妇了，妈妈权当是赞美啦！再说，妈妈内心充溢的幸福感所散发出的母性的温柔与光辉早已超越了一般意义上的"漂亮"，从而上升为内心与外表合为一体的最高境界的"美"！自恋怎么了？只有自恋自爱才有能力恋你爱你。

妈妈是幸福的，所以妈妈是美丽的。

妈妈是幸福的，却也品尝着一个个苦恼的小插曲——

从前谁若说："女人一有了孩子，什么前途事业都凉快了。"妈妈总是不服气地接一句："事在人为，要看自己！"如今到了看自己的时候了。

宝宝你一来，妈妈就完全被你这小东西捆住了手脚。妈妈无时无刻不在抱着你，哄着你，琢磨你，陪你说话，给你唱歌，为你读诗词。从日出忙到日落，哪还有心思和精力读书学习？

妈妈最盼望夜幕降临，因为宝宝在夜间睡的时间长，这样妈妈就能睡会儿安稳觉了。谁知劳累了一天的妈妈却总是睡不实，一会儿摸摸你尿了没有，一会儿看看你拉了没有，一会儿瞧瞧你捂着没有，一会儿算算你饿了没有。几次三番，将你照料妥当后，妈妈终于松了口气，安心地躺下，却不料，窗棂已映出清晨的曙光。

对！既然夜里睡不成觉，正好看书。哪知书更刁难人，满页的字儿变成了一粒粒催眠药，刚读完四五行便呼呼地睡着了。"啪！"书掉在了地上，妈妈惊醒，又本能地去摸宝宝……

吃过午饭，你进入了甜甜的梦乡。时机来了！妈妈拿过砚台，挥毫泼墨；妈妈铺开稿纸，欲成大作。写着想着，想着写着，一阵困意又席卷而来……

恍惚间传来了宝宝你的哭声，妈妈一个激灵，才发现自己已趴在书桌上睡着了，墨水洒了出来。妈妈飞奔至床边抱起了你，宝宝一抬头咧开小嘴"咯咯咯"乐个不停，还拍着手，踢蹬着小脚，表演着独特的节目。妈妈也忍不住笑起来，边笑边抛起你，接住，又抛起，你笑得更欢了！妈妈抱你走向梳妆台，哈！妈妈脸上墨水圈圈点点，简直就是个大花脸！原来你这个小坏蛋刚才是被妈妈的大花脸逗乐的！

妈妈真是没出息！看护你，精神百倍，怎么一读书学习就犯困？

不行！宝贝儿，妈妈不愿有了你就失去了自己，不愿只做一个合格的妈妈，也要做一个成功的知识女性！

休完三个月产假妈妈就上班了。妈妈踌躇满志，摩拳擦掌。妈妈坚信：女儿、事业可以成功兼顾。可是一有闲暇，宝宝你的小样儿就浮现在妈妈眼前，妈妈身在外心在家，总是对你牵肠挂肚。照顾你的姥姥年纪大了，只会凭经验看护，不会科学喂养；只懂冷暖饥饱，不懂智力开发。而在妈妈的希冀里，我的宝宝不仅要健康美丽，更要智慧超群。

于是，妈妈在干好本职工作的同时，投身于对宝宝的科学喂养和智力开发这一重要的事业中。

宝宝一天比一天更健康、更美丽、更优秀，各个成长阶段所具有的特性、能力，明显早于同龄宝宝，优于同龄宝宝。

这是妈妈爱心滋润的结果呀！

妈妈从胎教到幼教一直遵循科学规律，乐此不疲。取得了如此丰硕的成果，这种成功带给妈妈内心的喜悦和幸福是无与伦比的。

两年过去了，宝宝自立能力加强了，妈妈将你放心地交给了幼儿园老师。

于是，晨曦微露时，你和妈妈一起出门；夜幕降临时，你和妈妈一起回家。冬夏春秋，风雨无阻。妈妈要让你懂得：不经一番寒彻骨，哪得梅花扑鼻香？

你在茁壮地成长着，妈妈也在"女儿、事业成功兼顾"的誓言下默默地奋斗着——

一个阳光明媚的清晨，杂志社寄来了稿费；一个细雨霏霏的黄昏，编辑部邮来了样刊。

妈妈所带的学生参加英语竞赛获得大奖，妈妈所教的班级在屡次考试中成绩突出，妈妈的教育教学论文荣获嘉奖，妈妈的课堂教学展示赢得好评。

妈妈赢来了事业上的第二次青春！

是的，妈妈怎敢平庸？怎敢落后？妈妈从小就在姥爷的教育下志存高远，在那样的年代里，在偏僻的西北农村，妈妈勤奋努力，一路过五关斩六将，考上大学，自立于京城，妈妈是个不甘平庸的女人！

拥有了宝宝你，妈妈更要不断前进，执着追求。人都说，父母是孩子的第一任老师，所以妈妈要给宝宝树立榜样，激励宝宝有远大的理想、坚强的毅力、积极向上的人生态度。同时，妈妈要以自己的成功给宝宝光荣和力量，让宝宝因妈妈而自豪。这又成了妈妈积极进取的另一种强大的动力和支柱。

而宝宝因为从小受妈妈勤奋好学的影响和熏陶，耳濡目染，必能一步一个脚印，不断攀登理想的高峰，去追求人生的最高境界。

将来宝宝长大了，董事了，会在小朋友面前骄傲地说：我有一位了不起的妈妈！

　　等妈妈老了，也会对周围的人骄傲地说：我有一位优秀的女儿！

　　宝宝，快快长大吧！但愿妈妈和宝宝共同成长，共同进步，共同为彼此的成功而喝彩！

　　真的，宝贝儿，假如妈妈没有你，实在枉过此生了！

家有女儿初长成

妈妈的手

潘艺卓 （9岁）

今天老师让我们写一篇作文，题目是《妈妈的手》。我一听就懵了，这么多年来，我还没有仔细观察过妈妈的手呢！

回到家里，我赶紧拉过妈妈的手，仔细地观察起来。我惊奇地发现，小时候妈妈常常抚摸我、抱我、领我走路的那双年轻细腻的手已经不复存在了，无情的岁月改变了妈妈的手。那双手上虽然不像姥姥的手堆砌了厚厚的老茧，却再也不那么白皙细腻。

我抚摸着这双手，眼睛湿润了……

泪光中，我又回到了难忘的童年……

记得小时候，妈妈搂我睡觉，在妈妈温暖的怀抱里，我又踢又蹬，一刻也不能安宁。这时，妈妈总是一边给我讲故事，一边用那双柔软细腻的手轻轻搓抚我的全身，好舒服啊！我感受到一种莫名的快乐，在这温柔的抚摸中，我渐渐地进入了甜甜的梦乡。

后来，我养成了一个习惯，妈妈一抱我上床，我就嚷着"搓背背，搓背背"，每天都渴望妈妈那温柔的抚摸。

我学会走路后，总爱牵着妈妈的手，因为妈妈的手就像一个温暖的小鸟窝，我的手则像一只刚会飞却不敢独自飞翔的小鸟。

每一次，妈妈握住我的手，我就会感到一种巨大的快乐，似乎有一种力量传遍我的全身。牵着妈妈的手，我就什么也不怕了。

就这样，一天天、一年年，在妈妈温柔的抚摸和牵引中，我的羽毛渐渐丰满了。

此时此刻，我抚摸着妈妈的手，突然撒娇道："妈妈，搓背背！搓背背！"妈妈笑了："都多大的姑娘了，还搓背背！"

在我的耍赖及坚持下，妈妈带我回到了童年！然而在我背上滑来滑去的手却不再柔软，也不再细腻。小时候那种麻酥酥的感觉也没有了。因为手比较粗糙，还有一种扎乎乎的感觉。但我的心里依然快乐如初。因为无论我长多大，一触到妈妈的手，我就犹如触到了享用不完的幸福！

昨天和今天，妈妈牵着我的手，一步步往前走；明天，我要用我的智慧和才能牵起妈妈的手，让妈妈感受到来自女儿的温暖和力量！

老师评语：真情实感自然流露，字字句句敲击着读者的心灵。读着你的文章，让我一次次感动着，让我仿佛又回到了美好的童年，感受着并享受着从妈妈柔滑的手中传递着的爱。如今妈妈的手真的不再光滑细腻，甚至做事有些笨拙，但我也和你一样依然感受到了温暖与爱，我依然快乐如初！

寻找童年

番艺卓　（9岁）

我蹦蹦跳跳地出了家门，妈妈牵着我的手。一路上我欢声笑语，妈妈却气喘吁吁。

要问我今天为什么这么高兴，因为妈妈要带我去寻找童年。

这还得从《妈妈的手》说起。上周我的作文《妈妈的手》在班里朗读了，老师说我的作文感动了全四年级组的老师们，我高兴极了，因为这篇作文是我用心用情用爱写成的

回家后，我把作文拿给妈妈看，妈妈也流泪了，一个劲儿亲我。我依偎在妈妈怀里，鼻子酸酸地说："妈妈，给我多讲点儿童年的故事吧！"妈妈擦干眼泪，紧紧抱着我，在我耳边说："宝贝，走！跟妈妈去寻找童年！"我丈二和尚摸不着头脑。妈妈神秘地笑了："先去你三岁以前的家吧！到那里你就能回忆起许多故事了！"于是就发生了开头的一幕。

下了拥挤的公交车，妈妈指着一个很旧的小区问："宝宝，你认识这个地方吗？"我摇摇头，一脸茫然。妈妈也不语，继续领着我往前走。

忽然，眼前出现了月亮婆婆的雕塑。"啊！我想起来了！想起来了！"我喜出望外地喊起来。

小时候我常常在这里玩耍、嬉戏，而妈妈就坐在月亮婆婆旁边的石凳上微笑着看着我。有时候把我抱到月亮婆婆的臂弯里，教我念："弯弯的月儿小小的船，小小的船儿两头尖，我在小小的船里坐，只看见闪闪的星星蓝蓝的天。"玩累了，妈妈就打开食物百宝箱，给我拿出旺仔小馒头、蛋黄派、乐百氏、娃哈哈，一样样塞进我的嘴里。而妈妈总是

225

微笑着看着我吃，仿佛那美味是她自己在享用。

想到这里，我拉着妈妈"飞"向月亮婆婆，这次不用妈妈抱了，我自己爬到月亮婆婆的臂弯里，大声唱着："弯弯的月儿小小的船……"

告别了月亮婆婆，妈妈带我继续往前走。"宝宝，这儿有印象吗？"我一抬头，惊呼起来："啊！新华书店！新华书店！"小时候，妈妈常带我到这儿看书，我一进去就像被黏住了似的，不要吃不要喝，一本本翻着那一个字也不认识的故事书，一刻也不愿离开。最后往往是妈妈给我买下从我手里抢不掉的书，然后连哄带骗把我抱出书店。

有一次，妈妈抱我去超市，路过新华书店时，妈妈特意让我背朝着书店，并不断给我讲故事，想转移我的注意力，而我却不上妈妈的当，仍然嚷嚷："卓卓看书！卓卓看书！"无论妈妈怎样解释今天有急事，我却仍然大哭不止。无奈的妈妈只好把我领到新华书店，我瞬间破涕为笑。

听妈妈说有一次我赖在书店看书尿湿了裤子，妈妈直给阿姨道歉并擦干我的尿迹。妈妈给我裹上她的大衣抱我回家时，我还哭喊着："看书！看书！"

呵呵，这个新华书店在我的童年里留下了抹不去的记忆。

出了新华书店，妈妈带我去了当年租住的旧家，但我们只到了家门口，没敢敲门，站了一会儿就下楼了。我想起了在那个家里的无数欢声笑语和亲情故事，尽管在那里没有属于我的五彩缤纷的儿童房。

九年的时光一晃而过，在我的记忆中，我们搬了三次家，房子一次比一次大，一次比一次漂亮。现在我也拥有了粉红色的漂亮的儿童房，而我的爸爸妈妈却不再年轻，爸爸头发少了，妈妈皱纹多了。然而，他们给我的爱却丝毫不减，反而更加浓烈。

我想，无论童年、少年、青年还是老年，爱将永远伴我。

老师评语：有时间把你的文章打在电脑里保存起来，争取能成个集子！你都要成小作家了！

我们仨的家书

2011年"家庭感恩日"卓卓给妈妈的一封满怀感恩的信

亲爱的妈咪：

今天是属于我们仨的"家庭感恩日"，一个我们感恩彼此存在的日子，我爱你，妈妈！

从我出生，到我今年十一岁，你无时无刻不在无微不至地关心着我。

妈妈，知道我为什么称呼你为"你"，而不是"您"吗？因为我和你从来都是那么随随便便。如果叫"您"，我会感到与你生疏了。

我爱你，妈妈！我爱你胜过一切！每次我犯了错误时，你在批评完我之后，都会把我搂在怀里，安慰我，还不忘加上一句：宝宝，无论你犯了多大的错，妈妈对你的爱是永恒不变的。每次听到这样的话，我都会为自己所犯的错误羞愧难当。不仅如此，在犯错误的当天晚上睡觉时，你也会把我搂在怀里，给我搓背，给我抚慰，让我在你的安抚中安然入睡。

每次我遇到一些问题，或者受了委屈，或者和同学有点儿小矛盾时，你总会首先和我共情，等我情绪平复了之后，你再询问事情的原委，然后和风细雨指出我的错误，让我心情愉悦地接受你的批评和建议。

妈妈，我爱你！爱你胜过爱自己！我是你身上掉下来的一块肉，你我总是心连心。我的所思所想，你都一清二楚。你每次都会及时给我点拨，及时给我鼓励，让我一直向着优秀不断地努力！

在这个表达感恩的日子里，让我说一声：妈妈，您辛苦了！I love you！

请你相信：我一定会以更加优秀的成绩回报您的养育之恩！

爱你的女儿：卓宝宝

2011 年 11 月 24 日（11 月最后一个星期四）

2011 年"家庭感恩日"妈妈给卓卓的信

亲爱的宝宝：

我最最疼爱的宝贝女儿，妈妈看了你的感恩信之后，感动、幸福、快乐、骄傲、自豪，种种美好的感觉一起涌上心头。我觉得我就是这个世界上最幸福的妈妈！

之所以是世界上最幸福的妈妈，是因为我拥有一个善良、美丽、有才华而又懂得感恩、孝顺父母的天使般的好女儿！

在今天这个表达感恩的日子里，妈妈也要向我的宝贝女儿说一声：宝贝，谢谢你！谢谢你理解妈妈的辛苦，谅解妈妈不能像别的妈妈一样接送你上学，为你的衣食住行跑前忙后，一切都是你自己来解决。

但是，在妈妈的内疚中也伴有欣慰，因为你的自立能力远远高于其他同龄孩子！我想，这也是宝宝你人生的一笔财富吧！是妈妈在无奈中送给你的成长财富！

现在，你经常洗锅刷碗，帮父母干家务活儿。妈妈有时候真想替你去做，但爸爸说得对，这对你绝对是一种很好的锻炼！希望你快快乐乐地去做，而且做好！

宝贝，妈妈一直为你骄傲、自豪！你是那么优秀，优秀得让妈妈每一天都真心感谢上苍，把一个天使般的女儿送给我这个平凡的女人！

我要好好生活，助人为乐，爱我的学生，以此来感谢上苍对我的赐予！

我每天都很热情快乐，即使遇到挫折，我也会很快走出心灵的困境，支撑我走出来的就是你——我疼爱的宝贝女儿！拥有这样优秀的女儿，我还有什么烦恼的呢？我的人生因为你而非常完美！

宝贝，你是我珍爱的宝贝，爱你胜过爱我的生命！

每当听你弹琴，我的疲惫、我的艰辛、我的烦恼就马上烟消云散！不仅因为那优美动听的音乐，更因为那优美动听的音乐来自我的宝贝女儿！

宝贝，你真棒！

宝贝，这学期你的学习成绩突飞猛进，英语居然考了100分！数学98分，那对你简直就是个奇迹！你的数学稍微有点儿弱，爸爸妈妈又顾不上你，你完全是靠自己勤奋努力将自己的薄弱科目攻了上来！这也只有我的女儿能做到！宝宝，继续加油！你旳数学成绩还能有更大的突破！妈妈相信你！语文一向是你的优势，你始终保持优势，妈妈真为你高兴！也为你骄傲自豪！继续保持！加油！

　　宝贝，最近妈妈为你找了朗诵的老师，想帮你实现理想——长大后当主持人。现在可以为你打点儿基础！每周妈妈带着你辛苦奔波，你非常热情，认真对待，妈妈也很感动，希望宝宝真能学有所成。妈妈也为你买了很多朗诵、演讲方面的书，希望你有重点地阅读！希望你减少故事、笑话等书籍的阅读，增加对实现理想有帮助的专业书籍的阅读！

　　好吗？宝贝！

　　宝贝，妈妈爱你！

　　让爱滋润我们的心田，让爱温暖我们前进的脚步！让爱增强我们追求梦想、实现梦想的力量！

　　宝贝，我爱你！

　　祝你永远快乐、开心、阳光、成功！

　　吻你！

爱你的妈妈

2011 年 11 月 24 日

2014年父亲节卓卓给爸爸的一封饱含深情的信

亲爱的爸爸：

我爱你！

这句话在我的QQ个性签名上，这就是那天我问你有没有看我的个性签名的原因。你总是期望用这句话来"挑拨"我和妈妈的关系，只不过我很少让你"得逞"。

小时候，我说你"上得厅堂，下得厨房"。今天，我还要用这句话来形容你。在"厅堂"中，你总是对我们意气风发地侃侃而谈，或是对世界杯的评论，或是对政界的看法，像是要让所有人知道你上知天文，下知地理。厨房呢，我觉得即使我不说你也懂的。虽然你每次问我饭好吃不好吃，我都回答不好吃，但是在每次回答后，我总是心满意足地打个嗝儿，嘴里还不肯承认。

在外人面前，你是个严肃又幽默的人；在我眼里，你是个温和细心的人。你对我的关心并不像妈妈那样明显地表现出来，只是在

平常表现出来，那样自然，那样平常，几乎让人感受不到你在关心我。最让我记忆犹新的一件事发生在高考前的那个星期四。那天我的例假来了，与以往不同，那天格外疼，我先回家了。你看见了我发的短信，当你回家后问我吃什么时，仿佛不经意地说："哦，对了，你今天来了那个，那我就不做青辣子菜了，给你炒个土豆丝吧。"说罢，就自己去忙了，就是这漫不经心的一句话，让我鼻子一酸，一个男人，一个父亲，能够清楚地记住女儿的例假期，还放弃自己最爱吃的菜，只为了自己女儿的身心感受，也许就是这样一个举动，就让我意识到，也许我忽略了很多很多你对我无微不至的关心和爱。这样错过，是我一生的遗憾。第二天，我在对妈妈提到这件事时，还是忍不住热泪盈眶。

你不喜欢在为我分析问题的时候安慰我，而是一针见血地说出我存在的问题。记得那次，我在友谊上遇到了挫折，你不断地指出我的问题，

最后我哭着说："你就不能先安慰一下我再说吗？！"事后，我想，妈妈会抚平我的伤痛，而你会指出我的问题，让我不再犯同样的错误。这样或许是对我最好的教育。

你们都是"妒忌心"极重的人，但当你们为了我而互相"嘲讽"的时候，我总是那么幸福、满足。我有让人羡慕的父母，我是多么幸运呀！我不允许任何人说你们的坏话，你在我心中是完

美的！在那个测试中，我留下了大象，选择了你们，我永远不会说出"爱明星比爱父母还好"这样的话，因为他们和你们比起来，只是沧海一粟。

有的时候，你像小孩儿一样，爱撒娇，爱耍赖。

你喜欢吃很多辣椒，但又害怕我发现。每次偷偷地往饭里面放辣椒，总会被我发现和惩罚，但你依然是那么高兴。妈妈告诉我，你就是享受我对你这样的关心。

我蓦然有些心酸，是不是我对你这样明显的关心太少了？这么多年来，我只想着你是我的朋友，却忘记了你一直在关心我，而我好像总是会忽略你对我的爱，我在悄无声息中默默地享受着你对我的这些关心和爱意。

当朋友们对我抱怨他们的父母时，我总是一边说服他们，一边心里偷着乐。我有开明的父母，我有任何秘密都和他们说，有任何心事也和他们说，我是多么幸福啊！

之前我总是抱怨你不表扬我，后来，你对我的赞赏让我欣喜不已，让我相信我很优秀。

你的赞赏固然让我欣喜，而你的道歉，却让我自惭形秽，试问

哪一个父亲能够做到这一点——向自己的女儿道歉呢？也许不强词夺理已是那些爸爸的极限了，怎么还会想到向女儿道歉？每次你的道歉总让我感到暖意。

艺卓恭祝父亲父亲节快乐！

你的宝宝

2014 年 6 月 21 日

致即将迈入成人行列的女儿

——成人礼上写给女儿的信

潘艺卓同学：

今天，这样称呼我的宝贝女儿，深含一份信任，更寄一份期许！

17 年前，当你呱呱落地之时，就注定了我们一家久久难舍的情缘。17 年来，在我们的眼里，你一直就是一个孩子。无论是在校学习，还是在外活动；无论是从老家独自来京，还是和同学集体远行，你的每时每刻，饥渴冷暖，欢乐忧愁，一直牵动着爸爸妈妈的心。

就在这样的牵挂之中，你一天天长大，爸爸妈妈一天天苍老。

但爸爸妈妈并不为自己的苍老而失意，因为在你长大的道路上，我们也已经开始收获属于自己的幸福！

这种幸福足以让我们引以为豪：17 年来，你不仅仅身体逐渐长大，更重要的是思想日臻成熟。这种成熟，早已超越了当年的爸爸妈妈。你在很多方面的表现，让我们对你更加拥有信心！

爸爸妈妈非常高兴——你对自己未来的发展方向，逐渐有了较为清晰的认识和规划。你清楚自己的优势特长、兴趣爱好，并有针对性地瞄准目标高校，在高位规划下持续努力、不断奋进。

爸爸妈妈非常高兴——你对很多事物的判断和分析，更理性和客观。对社会事物，你不会做出一刀切的非此即彼的判断，而是基于全面分析客观地做出评判；在精神情感的把握上，你能冷静分析，做出有理有据的理性甄别。这在一定程度上甚至超越了爸爸妈妈，成了爸爸妈妈的心灵导师。

爸爸妈妈非常高兴——在未来梦想的引领之下，你对自己的要求也越来越高，这足以支撑你走向新的高度。你能脚踏实地，扬长处、补短板；你能坚持不懈，挑战黎明，奋战深夜；你能不畏艰难，不惧劳累，不放弃、不抱怨。

在你即将迈入成人行列，手握《中华人民共和国宪法》，宣誓成为中华人民共和国的一个合格公民之时，作为共产党员的爸爸，还是有一些话对你讲。因为，这是负责的爸爸该承担的责任，也是一个共产党员对子女该有的要求。

你一定要做一个对自己负责的人。

每一个人的发展，最终都要依靠自己。因此，学好知识，增长本领，都在为自己的未来发展积累资本，都在为自己的未来发展储备足够的能量。对自己的未来负责，就要时刻做到对自己的当下负责。

你一定要做一个始终乐观的人。

社会竞争日趋激烈，每个人的压力也在不断增加。但是另外一方面，社会又在为每一个人的发展不断地拓展新的舞台，因此，机会又是无限广阔的。所以，在任何时候，你都不要担心，总有解决的办法；遇到任何问题，你都要乐观面对，相信未来一定会更加美好。

你一定要做一个懂宽容有爱心的人。

宽容是一个人胸襟的体现，是一个人自信的体现。很多情况下，宽容在未来一定会得到回报，至少使你的心灵得到慰藉。

有爱心的人时刻生活在快乐之中。无论是 20 多年前爸爸送陕西汉中的一个走失的小孩回家（这在当年的《中国青年报》《陕西日报》等报纸及汉中市电视台均报道过），还是三年前帮助重病的大学同学募捐救助款，还是这几年帮助老家很多素不相识的人看病，帮助素不相识的孩子上学……爸爸所做的这一件件事情，虽然并非惊天动地的大事，但足以让我拥有一个快乐的人生。

你一定要做一个有社会责任感的人。

在越来越关注个人发展的现代社会，一定不要忘记自己也应该承担一份社会责任。这是一个人人生价值的重要体现。你为这个社会留下了些什么，社会也会给予你很多精神上的回馈。这些年我帮助家乡做教育慈善工作，虽然经历了众多坎坎坷坷，经历了别人的冷眼与不解，但是每一次活动成功，想到将有很多家乡孩子因此受益，我就感觉十分满足，非常自豪！我希望我的女儿也能如此，将来为这个社会、为这个民族，体现出你该有的社会价值！

千言万语，全是祝福：

我相信你，我最疼爱的女儿！你会走好你人生的每一步！

我相信你，我最疼爱的女儿！你将是爸爸妈妈的骄傲！

爸爸

于 2017 年 12 月 24 日北京十一学校高三成人礼前

后记

历时两年多的撰写和一次次修改、完善，这本很不成熟的书稿终于完成。

推动本书出版的过程中，我得到了原中央电视台主持人，现"暖阳传媒"董事长钱婧女士的大力支持和无私帮助，在此深表谢意！

在本书修改的过程中，我得到了编辑部老师的热心指导，他们纠正了我文稿中很多偏激的观点，提出了很多积极中肯的意见建议，让我深为感激！

北京十一学校田俊校长在百忙之中抽出宝贵时间阅读书稿，为本书作序，让我深为感动！在此衷心致谢！

衷心感谢王笃年、杜志华、刘梅、赵继红、王丹阳、潘继云、杨宏丽、常晟、张锡、韦兴正等来自北京、山东、江苏、浙江、湖南、甘肃等全国各地的优秀校长和特级教师对本书的认可；感谢詹建新、高一峰、胡晓季等优秀家长对本书的推荐；也感谢我的爱人和女儿为本书的完善提出了很多宝贵意见！

学习不止，思考不止，在家庭教育的道路上，我将继续探求，不断努力！